Hermann Ays

Die alten Griechen in Schwaben

Bibliografische Information der Deutschen Nationalbibliothek:
Die Deutsche Nationalbibliothek verzeichnet diese Publikation
in der Deutschen Nationalbibliografie; detaillierte bibliografische Daten sind im Internet über http://dnb.dnb.de abrufbar.

© 2013 Hermann Ays

Titelbild : Liv Seeger

Herstellung und Verlag: BoD – Books on Demand, Norderstedt

ISBN: 9783741240935

Inhaltsverzeichnis

Vorwort	7
Kapitel 1 Griechen im heutigen Süddeutschland	9
Kapitel 2 Die Stadt Pyrene / Heuneburg	25
Kapitel 3 Der Heuneburg und dem Hohenasperg zuzurechnende Grabhügel	55
Kapitel 4 Pythagoras in Pyrene Zusammenfassung	67 83
Kapitel 5 Schwäbische Städte mit griechischen Wurzeln Orte mit möglichem griechischem Einfluss	89 105
Zeittafel Mitteleuropa	111
Anmerkungen	113
Namensverzeichnis	137
Ortsverzeichnis	138

Sechste Buchseite

Vorwort

Es scheint auf den ersten Blick doch etwas sehr weit hergeholt. Griechische Siedler, Kaufleute und Handwerker sollen in der Wildnis gelebt haben, in einer Gegend, die den Alten zur römischen Zeit als die „Helvetische Einöde" bekannt war. Von den östlichen Abhängen des Schwarzwaldes bis in die Gegend von Augsburg, vom Bodensee bis Pforzheim sollen zwischen den Kelten zahlreiche Griechen gewohnt haben. Sie sollen Städte gegründet, Handwerk und Handel betrieben haben. Zumindest berichtet die Überlieferung davon, wenn auch von den antiken Schriftstellern über die Griechen in Süddeutschland nicht viel auf unsere Zeit gekommen ist.

Erhalten sind die Erwähnung der Stadt „Pyrene" an der Donau und eine Anekdote, die eindeutig am Isteiner Klotz spielt. Auch Tacitus wundert sich in einem seiner Werke, der „Germania", darüber, dass man zu seiner Zeit im Gebiet des heutigen Schwaben viele Denkmäler mit griechischen Inschriften gefunden haben soll.

Überwiegend sind es Autoren des 17. Jahrhunderts, die etliche griechische Namen von heutigen Städten in Schwaben überliefert haben. Sogar ein Baumeister und ein Heiligtum der griechischen Gottheiten, der „Chariten", werden namentlich erwähnt.

Die Quellen dieser Autoren sind vermutlich in den unzähligen Chroniken und Büchern der Klosterbibliotheken zu suchen. Immer wieder finden sich in deren Büchern Hinweise auf Jahrhunderte, wenn nicht sogar über tausend Jahre alte Bücher und Chroniken, die alle verloren sind. Diese Bestände sind, bis auf kümmerliche Reste, in den Zeiten der so genannten Säkularisation Anfang des 19.Jahrhunderts (1803) untergegangen.

Auf Fußnoten im Text wurde zu Gunsten einer besseren Lesbarkeit verzichtet. Stattdessen wurde ab Seite 113 ein ausführlicher Anhang erstellt.

Der Autor:
Hermann Ays, geboren in Süddeutschland, fuhr ein Vierteljahrhundert zur See. (Kaptän). 1991 ging er in Spanien an Land und lebt seit einigen Jahren als Rentner in Hamburg

Kapitel 1
Griechen im heutigen Süddeutschland

Die Griechen haben in Süddeutschland so manche Spuren hinterlassen. Neben Funden der Archäologen hat sich auch einiges in der Überlieferung bis in unsere Zeit erhalten. So hat der Autor Apollonios von Rhodos (3.Jhd. v. Chr.) in seiner Schrift „Die Fahrt der Argonauten" eine Anekdote überliefert, die auf einem tatsächlichen Ereignis fußt. Sein Bericht ist widersprüchlich und es ist sicher, dass er die Länder nie persönlich bereist hat, seine Geschichte nur auf Hörensagen beruht und sie sich außerdem Jahrhunderte vor seiner Zeit ereignet hat.

Klar ist aber das Missgeschick, das den Seeleuten beinahe passiert wäre: Sie fuhren in den „Rhodanos" hinein, der als See mit zwei Abflüssen beschrieben wird. Dabei könnte es sich um den Rhein beim heutigen Basel handeln, der sich dort staute und scheinbar einen großen See mit zwei Abflüssen bildete, einen nach Süden und einen nach Norden.

Offensichtlich waren die Argonauten in dem See anstatt in Richtung Süden, in Richtung Norden abgebogen. Beim Anblick des gewaltigen Kalkmassivs, der „Herkynischen Klippe", heute der „Isteiner Klotz" bemerkten sie ihren Fehler und kehrten um.

Da in der Vorstellung der alten Griechen immer ihre Götter am Schicksal der Menschen teilnahmen, wurde von Apollonios Here (Hera), die Gattin des Zeus bemüht, die ihrerseits im Auftrag ihres Gatten die Abenteurer warnen musste. Sie eilte aus dem Himmel auf den Isteiner Klotz und machte dort oben einen solchen Lärm, dass die Seefahrer aufmerksam wurden und umdrehten.

Im Einzelnen schreibt Apollonios im 4.Buch, Absatz 635 bis 645: „Darauf fuhren sie in den Rhodanos hinein, der in den Eridanos fließt, und vermischt ihr Wasser in den Strudeln der Vereinigung. Aber dieser kommt vom äußersten Teil der Erde, [630] wo die Tore und Sitze der Nacht sind; von dort macht er sich auf und ergießt sich teils hin zu den Küsten des Okeanos, teils wiederum wendet er sich hin zur ionischen Salzflut, teils zum Sardonischen Meer und zu einer unendlichen Bucht, indem er seine Strömung in sieben Mündungen schießen lässt." [635]

Er schreibt weiter: „Und aus diesem heraus fuhren sie also in sturmumtoste Seen hinein, die sich unsäglich über das Festland der Kelten ausbreiten. Da wären diese in jämmerliches Unheil geraten. Denn ein Ausfluss führte in eine Bucht des Okeanos, in den sie ohne es vorher zu bemerken, einlaufen wollten, von dort hätten sie sich nicht mehr zurückkretten können." [640] „Doch Hera sprang vom

Himmel herab und schrie von der Herkynischen Klippe herunter, und vom Schrecken vor diesem Ruf wurden alle in gleicher Weise erschüttert. Denn gewaltig dröhnte der Äther dazu. Und sie kehrten unter der Einwirkung der Göttin wieder zurück und erkannten so den Weg, auf eben dem es für ihre Fahrt auch eine Heimkehr gab."[645]

In der Folge lässt Apollonios dann die griechischen Seefahrer unter dem Schutz der Göttin Hera auf der Rhone unbeschadet durch die „zehntausend Völker der Kelten und Ligyer" bis in das Mittelmeer fahren.

Eine Erklärung bietet sich an:

„Rhodanos" ist der Name der Rhone, die wie Apollonios meint, in den Eridanos (Rhein) mündet, der teils in die Nordsee (Okeanos) fließt. Rhodanos nennt er aber auch den See, der durch die Aufstauung des Rheins entstanden sein könnte.

„… teils in die ionische Salzflut" = Hier irrt Apollonios, denn die ionische Salzflut ist die Adria, die den Fluss Po aufnimmt.

Mit dem „Sardonischen Meer und der unendliche Bucht" sind das Mittelmeer und der Golf von Lyon mit dem Mündungsdelta der Rhone (sieben Mündungen) gemeint.

Der „Herkynische Wald" war im Altertum die Bezeichnung für den Schwarzwald, die auch später von den Römern übernommen wurde. Und der Isteiner Klotz ist in der ganzen Gegend am Rhein die einzige Formation, auf welche die Beschreibung der „herkynischen" Klippe" zutreffen könnte.

Der Ausdruck „Herkynische Klippe" ist auch die Bestätigung dafür, dass die Argonauten tatsächlich auf dem Rhein aus der Richtung des Bodensees, möglicherweise auch von der Aare her, gekommen und bei Basel nicht nach Süden abgebogen sind.

Für die Aufstauung des Rheins könnten die „Isteiner Schwellen", eine beim Isteiner Klotz quer durch den Rhein führende Felsformation, verantwortlich gewesen sein. Möglicherweise lagen sie vor etwa 2600 – 2400 Jahren noch etliches höher und stauten das Wasser des Rheins. Dadurch wäre ein großer See entstanden, der auch einen Arm Richtung Süden, in Richtung „Burgundische Pforte" gebildet hätte, so dass der Eindruck entstehen konnte, die Rhone könnte als Abfluss aus dem See entstehen. Stattdessen lief das Wasser über die Felsbarre nach Norden in die Oberrheinische Tiefebene ab.

Die „Isteiner Schwellen" waren auch noch in der Neuzeit ein Schifffahrtshindernis und behinderten bis zum Bau des Rheinseitenkanals in den Jahren 1928 bis 1959 die Binnenschifffahrt nach Basel.

Auch sonst wurde der Lauf des Rheins verändert. Durch die Begradigung ab 1840 und den Rheinseitenkanal sank der Pegel des Flusses um 8-12 Meter. Das hatte auch Auswirkungen auf die Landschaft. Der Ort Istein, der bis in die 1930er Jahre vom Fischfang, hauptsächlich von den jährlichen Lachszügen, gut leben konnte, ist heute weit vom Rhein entfernt. In der Nähe gibt es noch einige Altrheinarme.

Gegen eine direkte Verbindung von Rhein und Rhone spricht die Wasserscheide in der Burgundischen Pforte, die heute etwa 400 Meter über NN erreicht. Da es unwahrscheinlich ist, dass sich die Wasserscheide zwischen etwa 600 v.Chr. und 60 v. Chr. um 150 Meter aufgewölbt hat, mussten die griechischen Reisenden wohl aussteigen und zu Fuß über die Hochfläche zum nächsten Fluss laufen, der sie dann zur Rhone brachte, oder sie schleppten ihre Schiffe über Land.

Eine technische Leistung, die ihnen zuzutrauen wäre. In der Ilias schreibt Homer, ein Zeitgenosse der ersten Kolonisten, dass die Griechen ihre Schiffe vor Troja auf den Sand hinauf geschafft hätten, wie sie es auch zu seiner Zeit noch taten. Sie schoben ihre Schiffe mit dem Heck (Heck = hinteres Ende eines Schiffes) voraus auf den Strand, sicher auf massiven, quer zum Schiff ausgelegten und mit Rindertalg eingefetteten Holzbalken. Kam durch die Bewegung des Schiffes ein Balken hinter dem Schiff frei, nahm man ihn auf und legte ihn wieder vor das Schiff und so fort bis das Ziel erreicht war. Das schwere Holzschiff hätten sie ohne Hilfsmittel nur auf dem Sand nicht sonders weit bringen können.

Für die Griechen beim heutigen Basel ist es aber eher unwahrscheinlich, denn es war sicher einfacher, die Handelswaren die relativ kurze Strecke über Land zu transportieren, als das Schiff über Dutzende Kilometer bis zum nächsten Fluss zu schaffen. Außerdem hatte man vermutlich über die Wasserscheide zwischen Rhone / Doubs und dem Rhein gut ausgebaute Wege mit entsprechender Infrastruktur, Herbergen und Viehställen, angelegt, denn diese Passage war die einfachste in der ganzen Umgebung. Die Wege über die Vogesen waren gefährlich, ebenso über den heutigen Schweizer Jura, von den Alpen ganz zu schweigen.

Auf jeden Fall fand man in den Grabhügeln und auf den Siedlungsplätzen im heutigen Schwaben unzählige Tonscherben, griechischer oder massillianischer Herkunft (aus dem heutigen Marseille), die für einen regen Handel zwischen den Griechen und den keltischen Stämmen sprechen. Vor allem ab 540 v. Chr., nach dem Fall der „Heuneburg mit der Lehmziegelmauer", als der „Importstrom" aus der griechischen Welt einsetzte, spielte der Handel eine immer größere Rolle. Vermutlich wurden Metalle, landwirtschaftliche Erzeugnisse und Sklaven von der keltischen Seite gegen Wein, Luxuswaren, Keramik, vielleicht auch Waffen und andere Fertigwaren von der griechischen Seite eingetauscht. Natürlich gehörte auch der Bernstein zu den Handelsgütern der keltischen Seite, wie Funde in den Fürstengräbern zeigen.

Eine weitere Route, die sicher von den Griechen auch genutzt wurde, war die Reise über die Rhone in den Genfer See. Von hier, möglicherweise von dem Gebiet von Lausanne aus, zog man ein Stück über das Gebirge, um dann über den See von Neuchatel, den Bielersee und die Aare mit Schiffen recht komfortabel bis in die Gegend von Zurzach, dem antiken Tenedo zu reisen. Der Name Tenedo erinnert an die Insel Tenedos vor den Dardanellen an der heutigen türkischen Küste, von der schon Homer in der Ilias berichtet.

Dieser Weg könnte auch teilweise dem Bericht des Apollonios zu Grunde liegen „Und aus diesem heraus fuhren sie also in sturmumtoste Seen hinein, die sich unsäglich über das Festland der Kelten ausbreiten." Da der Verfasser die Reise nicht selbst unternommen hat, und eine alte Erzählung als Vorlage für sein Werk benutzt, scheint es doch sehr wahrscheinlich, dass es sich bei den „sturmumtosten Seen" ursprünglich um den „Bieler See" und den „See von Neuchatel" gehandelt hat. Die auch heute noch häufig auftretenden Föhnstürme im Alpenvorland haben bei den griechischen Seefahrern vermutlich einen sehr starken Eindruck hinterlassen.

Ein weiteres Hindernis für die Griechen des Apollonios auf dem Weg zur „Herkynischen Klippe" (Isteiner Klotz) war der Rheinfall bei dem heutigen Laufenburg. In einem Bericht aus dem 17. Jhd. steht, dass man Kähne an Seilen flussabwärts gelassen hat, ja sogar tollkühne Burschen mit ihren Kähnen die Fälle hinuntergefahren sind. Man kann davon ausgehen, dass die Griechen ebenfalls eine Möglichkeit hatten, die Fälle zu passieren, denn offensichtlich sind sie an der „Herkynischen Klippe" angekommen. Es ist wahrscheinlich, dass sie die Schiffe über Land gezogen haben. Aus heutiger Sicht bot sich dafür die schweizerische, relativ flache Seite des heutigen Laufenburg an.

Die Wissenschaft hat festgestellt, dass der „Importstrom" griechischer Waren in das keltische Schwaben so gegen 540 v.Chr. eingesetzt hat. Der griechische Export in das Gebiet des heutigen Schwaben war eine Folge der Tatsache, dass die griechischen Händler das für die Bronzeherstellung dringend benötigte Zinn nicht mehr bequem über See durch die Straße von Gibraltar aus dem heutigen Cornwall beziehen konnten, sondern den Handel über das Festland, über das heutige Frankreich, organisieren mussten. Die Straße von Gibraltar war nämlich von den Phöniziern für griechische Schiffe nach der Seeschlacht bei Alalia (Korsika) 540 v.Chr., bei der die Griechen geschlagen wurden, gesperrt worden.

Der kürzeste Weg führte von Massalia (Marseille) über die Flüsse

Rhone und Seine, über die Seine-Mündung bei dem heutigen Le Havre und den Englischen Kanal zur britischen Insel, nach Cornwall.

Als Nebeneffekt entwickelte sich möglicherweise die Strecke über den Genfer See, die Alpen und dann durch die Schweizer Seen und die Aare abwärts bis zum heutigen Zurzach. In der Nähe liegt noch heute der ‚Lauffen‘, eine nur bei Hochwasser völlig überflutete Felsbarriere im Rhein. Der `Lauffen´ hatte in der Mitte eine schmale Lücke, die bei Niedrigwasser mit einigen Balken relativ einfach überbrückt und so der Rhein trockenen Fußes überquert werden konnte. Von da war es bis zur Donau nicht mehr weit.

Der Autor des Artikels über den Ort Zurzach in dem Buch „Schweiz 1654" (Topographia Helvetiae, Rhaetiae und Valesiae) von Mathaeus Merian beschreibt die Lücke bei Niedrigwasser in der Barriere im Rhein bei Zurzach als nicht breiter als zwei Weydlinge nebeneinander. Weydlinge sind flache, viereckige Kähne aus Holz, wie sie noch heute hier und da im Gebrauch sind.

Ein weiterer Grund für den Erfolg der Griechen aus Marseille im heutigen Schwaben war sicher auch der Umstand, dass die Helvetier durch die ehemals dort ansässigen Griechen mit der griechischen Sprache, Schrift und Kultur vertraut waren.

Bis etwa 540/530 v.Chr. waren Griechen unter anderem aus Phokaea in Schwaben sehr einflussreich. Kriegerische Ereignisse vertrieben sie vermutlich zum großen Teil, denn mit der Fall der Heuneburg mit der Lehmziegelmauer, gegen 540/530 v.Chr. überwog wieder der keltische Einfluss.

Das wäre wohl auch die Erklärung für Caesars Verwunderung, als seine Soldaten im Lager der geschlagenen Helvetier auf Griechisch abgefasste Listen aller an der großen Wanderung nach Gallien beteiligten Helvetier fanden. Damit waren die Helvetier die große Ausnahme unter den keltischen Stämmen, denn eigentlich war es den Kelten nicht erlaubt, die Schrift für genealogische und religiöse Zwecke zu gebrauchen - das bedeutete sie entwickelten keine eigene Schrift und ihre Gelehrten lernten das ganze Wissen des Volkes auswendig.

Doch zurück zu Apollonios und seiner Schrift „Die Fahrt der Argonauten" Er schreibt, dass die griechischen Reisenden auf dem Fluss Rhone von den anwohnenden Kelten nicht belästigt wurden. Sicher waren die Griechen auf der Rhone für die Menschen am Fluss nichts Ungewöhnliches. Wahrscheinlich hielten sie die Fremden für Händler, die man nicht belästigte, beziehungsweise die Griechen handelten auch mit den Flussanrainern.

Ein Beispiel aus späterer Zeit mag dieses Verhalten erklären: Auch aus der Zeit Caesars ist überliefert, dass einer der gefürchtesten, germanischen Stämme, die Sueben, reisende Händler nicht belästigten, weil die Germanen auf sie angewiesen waren. Die Händler lieferten ihnen Dinge, die sie nicht selbst herstellten und kauften ihnen die Beute aus den vielen Kriegen ab.

Auch die Kelten waren ständig in kriegerische Auseinandersetzungen verstrickt. So war es beispielsweise bei den Kelten üblich, wie Caesar in seinem Werk „Der Gallische Krieg" berichtet, dass ein Vater sich nicht mit seinem Sohn in der Öffentlichkeit zeigte, bevor dieser seinen ersten Kriegszug hinter sich hatte.

Die vielen Kriege hatten zur Folge, dass die Kelten den Händlern gewogen waren, denn wenn sie nicht ihre gesamte Kriegsbeute ihren Göttern opfern wollten, musste ihnen jemand die Beute abkaufen.

Apollonios hat die Reisen nicht selbst mitgemacht, denn er schreibt gegen 250 v.Chr. zu einem Zeitpunkt, als die politischen Verhältnisse sich vollkommen geändert hatten. Rom hatte großen Einfluss gewonnen und führte unter anderem den 1. punischen Krieg (264-240 v.Chr.) gegen Karthago. Die Fürstensitze der Hallstatt-Zeit waren aufgegeben und die damals Herrschenden vertrieben oder erschlagen worden. Es herrschte die Latene-Zeit, aber die gesellschaftlichen Verhältnisse hatten sich nicht geändert. Mit einer Ausnahme, keltische Kämpfer dienten in großer Zahl in den Heeren Karthagos, als auch in den Heeren Phillips, des Vaters von Alexander d. Gr., als Söldner

Auch war dies die Zeit der keltischen Wanderungen und Kriegszüge. So schreibt Diodor, über den Kelten Brennus, der mit seinen Kriegern bis Delphi gezogen war: „Als Brennus, der Keltenkönig, (279 v.Chr. in Delphi) beim Betreten eines Tempels statt Weihegaben aus Gold und Silber nur Standbilder aus Stein und Holz vorfand, brach er in Gelächter darüber aus, dass man diese im Glauben an eine menschliche Gestalt der Götter dort aufgestellt hatte."

Die Geschichte des Apollonios ist aber nicht der einzige Hinweis auf die Anwesenheit der Griechen in Süddeutschland während der Hallstattzeit. So machten die Archäologen viele Funde, die sich nur durch intensive Beziehungen zur griechischen Welt erklären lassen. Außerdem überlieferten Autoren des 17. Jahrhunderts griechische Namen von etlichen Siedlungen, wobei sich manche Städtenamen aus Bezeichnungen der griechischen und der keltischen oder der griechischen und der lateinischen Sprache zusammensetzen. Dies war bei den keltischen Völkern nichts Ungewöhnliches, denn es ist aus Gallien, dem heutigen Frankreich, bekannt, dass sich viele Orts- und Städtenamen aus gallischen und lateinischen Ausdrücken gebildet haben.

Ein Beispiel bietet die französischen Stadt Autun, deren ursprünglicher Name „Augustidunum" „Festung des Augustus" bedeutete. Dabei setzte sich der Namen aus dem Genitiv Sing. des Wortes Augustus (Augusti) und dem keltischen Wort „dunum" = „Festung" zusammen.

Es gibt aber auch die Variante, dass der Städtenamen sich aus zwei Ausdrücken unterschiedlicher Sprachen mit der gleichen Bedeutung zusammen setzt, wie zum Beispiel bei dem Namen „Châteaudun". Die Worte „Chateau" (franz.) und „dun" (kelt.) bezeichnen beide den Begriff: „Festung", „Burg", „Schloss".

Ähnliches könnte auch in der Hallstattzeit in Schwaben der Fall gewesen sein, wie der Name „Neopyrgum" (Neo-Pyrgos-dunum) für das heutige Neuenbürg a. d. Enz nahe legt.

In diesem Zusammenhang häufig gebrauchte keltische Bezeichnungen sind:

Briga	-	der Hügel
Dun, Dunum	-	die Festung
Magus	-	das Feld
Nemeton	-	der heilige Platz, das Heiligtum

Als schwäbische Städte mit vermutlich griechischen Wurzeln kommen folgende Orte in Frage:

1. Heuneburg   Pyrene

Ruine, bei Hundersingen an der Donau. Mit großer Wahrscheinlichkeit handelt es sich bei der Heuneburg um das von den antiken Autoren erwähnte Pyrene.

2. Ettlingen   Posidonopolis
3. Pforzheim
4. Neuenbürg a. d. Enz   Neopyrgum
5. Nagold
6. Ulm   Alcimoennis, Samulocennis
7. Blochingen   Comopolis
8. Rottweil   Erythropolim
9. Königsbronn   Laxis
10. Augsburg   Damasia Licatiorum
11. Bad Zurzach   Tenedo
12. . Kempten   Campodunum

Gestützt auf archäologische Funde kann man den Zeitraum möglicher griechischer Kolonien und Handelsplätze in Schwaben auf die Jahre von etwa 620 bis 540 v. Chr. ansetzen. In Schwaben herrschte zu dieser Zeit die Hallstattkultur. Sie war geprägt von vielen kleinen Fürstentümern, deren Oberhäupter und andere wichtige Mitglieder der Gesellschaft in Körpergräbern unter großen Grabhügeln bestattet wurden. Auch so manche Angehörige der „kleinen Leute" wurden unter Grabhügeln bestattet. Diese waren natürlich nicht so spektakulär, wie die der Fürsten und „wichtigen Personen" sondern eher klein und wurden im Laufe der Zeit eingeebnet.

Es gab viele „Fürstensitze", befestigte Siedlungen, oft auf vorspringenden Bergspornen, von denen sich zahlreiche Siedlungen zu Zentren des Handwerks und des Handels entwickelten. Die einzige Ausnahme bildet Kempten / Campodunum, das erst in der Latene-Zeit, im 1.Jahrhundert v. Chr. entstanden ist.

Die Entwicklungen in Griechenland.

An dieser Stelle ist es vielleicht angebracht auf die Verhältnisse in Griechenland einzugehen, denn die dortigen Entwicklungen hatten für die Kelten der Hallstattzeit in Schwaben große Auswirkungen.

Seit etwa Mitte des 8.Jhd v. Chr. kam es in Griechenland zu einer Auswanderungsbewegung, zur Gründung von Kolonien. Die Ursachen waren unter anderem der wachsende Bevölkerungsdruck, die soziale Entwicklung und eine gravierende Klimaveränderung. Nach neuesten Forschungen kam es ab 748 v. Chr. zu einer Verschlechterung des Wetters mit einer Temperaturabsenkung für die Dauer von 200 Jahren, hervorgerufen durch eine Schwächeperiode der Sonnenaktivität. Diese Kälteperiode ist als das „Homerische Minimum" bekannt. Infolgedessen kam es zu Missernten, die wiederum die sozialen Spannungen in den griechischen Städten noch verstärkten.

Im Laufe der Zeit hatte der Einfluss der Aristokraten in Griechenland durch Landbesitz zugenommen. Diese Entwicklung führte zu einer Verelendung der Bauern, Tagelöhner und Handwerker. Der Gegensatz zwischen den wohlhabenden Aristokraten auf der einen Seite, die Gelderwerb durch Arbeit für nicht standesgemäß hielten und der verarmten Masse des Volkes auf der anderen Seite, führte zu wachsenden Spannungen, die letztlich in der „Kolonie-Bewegung" mündeten.

Eine weitere Ursache war der Bevölkerungsdruck. Dieser war durch den Brauch entstanden, dass in Griechenland das Ackerland im Erbfall unter den Söhnen aufgeteilt wurde. Das hatte zur Folge, dass das vorhandene Ackerland immer mehr zersplittert wurde und die Bauern nicht mehr ernährte. Außerdem waren die griechischen Stadtstaaten ständig in Scharmützel oder auch kleinere Kriege mit den Nachbarn verwickelt.

Hatte man sich zur Gründung einer Kolonie entschlossen, zog man unter der Führung eines Aristokraten, meist über See, in ferne Länder. Mitunter befragten die Auswanderer vor dem Start auch das Orakel von Delphi. Um die Auswanderung zu fördern und die sozialen Probleme zu mindern, rüsteten manche Städte die Auswanderungswilligen mit allem Benötigten aus, mit Ackergeräten, Saatgut und Lebensmitteln.

Besiedelt wurden die Küsten Süditaliens, Siziliens, Nordafrikas, Thrakiens, Kleinasiens und des Schwarzmeergebiets. Sizilien erreichten die Griechen 734 v. Chr. Unter vielen anderen Städten gründeten sie: Neapel, Tarent, Naxos, Syrakus, Gela, Catania, besetzten Unteritalien und Sizilien, später „Magna Graecia" genannt und gründeten Stützpunkte an der spanischen Ostküste. Außerdem drangen sie bis an die Küste des „Schwarzen Meeres" vor.

Bei der Auswahl der Siedlungsplätze bevorzugte man folgende Merkmale:
Küstennahe Landschaften
Ein gut zu verteidigendes Gelände
Ein fruchtbares Umland
Die Gründung einer Kolonie verlief nach einem festen Schema. Die Kolonisten wurden von einem Adligen, einem „Oikisten", der auch das Amt des obersten Priesters innehatte, angeführt. Als erstes erbaute man einen Altar, in der Regel für den Schutzgott Apollon, den Gott des Lichtes und der Künste. Dann errichtete man eine lange Mauer, die möglichst viel Fläche umschloss. Anschließend wurde die künftige Kolonie vermessen, die Fläche in Parzellen aufgeteilt und im nächsten Schritt die so gekennzeichneten, städtischen und ländlichen Flächen zu gleichen Teilen an die Siedler verlost. Der Ausdruck für ein Los war „Laxis".

Da nur Männer angekommen waren, raubte man die benötigten Frauen in der Umgebung. Dazu stellte der antike Autor Herodot fest: „Sie erschlugen die Eltern und nahmen deren Töchter zum Weibe."

Mit größerem, zeitlichem Abstand von der Auswanderung legten die nachfolgenden Generationen in den Kolonien zunehmend Wert auf das Griechentum.

Um diese Zeit, gegen 710 v. Chr., verfasste Homer seine Werke. Sein Held Odysseus ist ein Abbild des typischen, griechischen Kolonisten. Völlig skrupellos überlebt er die tollsten Abenteuer und kehrt zuletzt zu seiner treuen Ehefrau zurück.

Die Auswanderer unterschieden zwischen zwei verschiedenen Arten neu gegründeter, griechischer Siedlungen - Kolonie und Pflanzstadt. Bei einer Kolonie handelte es sich um eine aus einer griechischen Stadt heraus gegründete Siedlung. Als eine Pflanzstadt bezeichneten sie eine aus einer Kolonie und nicht aus einer Stadt in Griechenland heraus, gegründete Stadt. Diese Kolonisierungsbewegung erstreckte sich über den Zeitraum zwischen dem 8. Jahrhundert und dem frühen 5. Jahrhundert v. Chr.

In diesem Zusammenhang taten sich die aus Kleinasien stammenden Phokäer besonders hervor. Sie drangen in das Adria-Meer ein, übernahmen im Mündungsgebiet des Po die von den „Pelsasgern" gegründeten Faktoreien (Handelsplätze) Spina und Hatria, erreichten auch das heutige Gibraltar (die Säulen des Herakles), die reiche Stadt Tartessos und gründeten an der spanischen Ostküste zahlreiche Städte, darunter um 600 v. Chr. Massalia, das heutige Marseille. Als ihre Mutterstadt Phokaia in Kleinasien 545 v.Chr. von den Persern unter Harpagos eingenommen wurde, wanderten zahlreiche Einwohner in die Kolonien aus.

Ein weiterer Grund für den griechischen Aufstieg war der freie Handel. Es entstand eine riesige Handelsunion. So war der Wohlstand der Einwohner der Stadt Sybaris, einer griechischen Kolonie an der Ostküste Kalabriens, im antiken Griechenland legendär. Sybaris wurde um 720 v. Chr. von Achaiern aus Helike gegründet. Unter anderem trieben die Einwohner sehr erfolgreich Handel mit der Stadt Milet an der heutigen türkischen Küste. Die Stadt Sybaris soll über 25 Städte und vier Völkerschaften im Umland geherrscht haben. Nach Angaben der antiken Autoren Strabon und Diodor soll es sich um eine Großstadt mit 300.000 Einwohnern gehandelt haben.

Um 600 v. Chr. gründeten Siedler aus Sybaris die Stadt Poseidonia, heute Paestum. Die Stadt brachte es innerhalb von wenigen Generationen zu Wohlstand, wie die heute noch vorhandenen Ruinen der großen Tempel zeigen. Sybaris selbst verlor 510 v. Chr. einen Krieg gegen die benachbarte Stadt Kroton, wurde zerstört und verschwand von der Bildfläche, denn über die Ruinen der Stadt wurde ein Fluss geleitet. Die Überlebenden flohen zum Teil nach Poseidonia.

Der wirtschaftliche und kulturelle Austausch zwischen den Kolonien und den Mutterstädten führte zu einer panhellenischen Identität. Außerdem gab es, trotz aller Differenzen, für alle Griechen, seien es Aristokraten oder Tagelöhner, Bürger einer winzigen Polis oder eines Zentrums wie Athen oder Sparta, zwei Dinge, die sie alle verbanden: Kult und Sport. Zum einen wurden die griechischen Gottheiten überall verehrt, aber natürlich bevorzugten die Bewohner verschiedener Orte und Inseln einzelne Gottheiten, denen sie besonders zugetan waren. Zum anderen fanden alle vier Jahre die sportlichen Wettkämpfe in Olympia statt. Für die Dauer der Kämpfe ruhten in den griechischen Städten und Staaten die Waffen.

Diese Spiele hatten eine lange Tradition. Ab 776 v. Chr. sind sie durch Inschriften und archäologische Funde nachgewiesen. Allerdings gibt es weitere Hinweise auf einen viel früheren Beginn der Wettkämpfe. So weist die Inschrift auf einem in Olympia gefundenen

Diskus auf Wettkämpfe im Jahr 1580 v. Chr. hin.

Um den Ursprung der Spiele in Olympia ranken sich etliche Sagen. Eine davon, die zu dem Sagenkreis um den griechischen Helden Herakles gehört, soll kurz erwähnt werden:

Nach der Sage soll Herakles im Auftrag des Königs Augias von Elis, dem Verwaltungszentrum von Olympia, dessen Ställe ausgemistet haben. Sie müssen ganz schön vernachlässigt gewesen sein, denn er leitete den Fluss Alphaios durch die Ställe und das Wasser nahm den ganzen Mist mit. Zwischen Herakles und Augias kam es zum Streit über die Methode und Herakles erschlug den Augias. Im Überschwang seines Sieges stiftete Herakles die Spiele von Olympia.

Zu Olympia und Elis gibt es auch für die Griechen in Schwaben einen Bezug. Es handelt sich um das antike Bergbauzentrum „Neopyrgum", heute das Städtchen Neuenbürg an der Enz, südwestlich von Pforzheim. Neopyrgum lässt sich auf „Neo Pyrgos Dunum" zurückführen. Es handelt sich um einen typisch keltischen Namen mit Begriffen aus zwei Sprachen. „Neo(a)" ist griechisch und bedeutet „neu" und „Dunum" ist ein Begriff aus dem Keltischen und bedeutet unter anderem auch „Festung". Pyrgos ist eine Hafenstadt an der Westküste des Peloponnes und könnte im Altertum der Hafen von Elis / Olympia gewesen sein. Ins Deutsche übersetzt, bedeutet „Neopyrgum" - „Festung Neu Pyrgos". Es liegt nahe, dass Kolonisten aus Pyrgos die Siedlung auf dem Schlossberg von Neuenbürg gegründet und nach ihrer Heimatstadt benannt haben. Der Grund für die Gründung der Siedlung war sicher das reiche Erzvorkommen, vor allem das Eisenerz östlich des Ortes.

Die frühen Griechen legten im 7. u. 6. Jhd. v. Chr. die Grundlagen der abendländischen Zivilisation. Sie ersannen die Demokratie, den Profi-Sport und den vor Gericht ausgetragenen Nachbarschaftsstreit. Kultur und Wissenschaft blühten auf. Die Griechen waren neugierig und gaben sich nicht mit den religiösen Vorstellungen ihrer Zeit zufrieden. Sie wollten den Gang der Dinge verstehen

Die nach Schwaben eingewanderten Griechen, beziehungsweise die von ihnen beeinflusste, keltische Elite, hatten zu Homers „Ilias" offensichtlich eine besondere Beziehung. So soll Phorcys, der Erbauer von Pforzheim und Ettlingen ein Trojaner gewesen sein. Auch gleichen die Lanzen, die man in einigen Gräbern keltischer Fürsten gefunden hat, mit ihren langen und breiten Spitzen denen, die Homer in seinem Werk beschrieben hat und die bei den Kämpfen um Troja so furchtbare Verletzungen verursacht haben.

Auch die Bauart der Stadt Pyrene, alias Heuneburg, mit Akropolis und Vorstadt gleicht den Beschreibungen bei Homer, beziehungsweise den zeitgenössischen Städten in den griechischen Kolonien. Der einzige, aber gravierende Unterschied zu den Städten in den Kolonien, sind die Bastionen, die vorspringenden Türme in der westlichen und südwestlichen „Lehmziegel-Mauer" der Heuneburg. Diese Art der Befestigung kennt man nur aus Phönizischen Darstellungen, also Kleinasien.

Vermutlich hatte sich auch die Kampftechnik geändert. Die vierrädrigen Wagen, die man in den Gräbern der keltischen Fürsten fand, waren zur Hallstattzeit ein fester Bestandteil eines Fürstengrabs. Bei Homer, wie auch bei Caesar und in den keltischen Fürstengräbern waren die Kampfwagen immer mit zwei Pferden bespannt und ein Wagenlenker lenkte den Wagen. Nach Homer hatte man auf dem Wagen auch noch einen Korb angebracht.

So steht im 16.Gesang der Ilias, im Vers 425 - 430 „Patroklos schwang sich ... aus dem Korbe..." und im Vers 740 - 745 „...Kebriones (der Wagenlenker)... stürzte vom stattlichen Korb, und das Leben entwich seinen Gliedern."

Im 21. Gesang der Ilias steht von Lykaon, dem Sohn des Priamos:

Vers 35 – 40 „...ergriffen und fortgeführt mit Gewalt aus des Vaters Garten... der schnitt mit der Schneide des Messers junge Zweige der Feige, die Ränder des Wagens zu bilden."

Und im 24. Gesang der Ilias steht: Vers 260 – 270 „... und banden den Korb auf den Wagen..."

Der Kämpfer ließ sich vom Wagenlenker auf den Kampfplatz fahren, stieg ab und kämpfte in der Regel mit der Lanze. Seine Ausrüstung umfasste zwei Lanzen, einen Schild aus Lindenholz mit etlichen Schichten Rinderhaut und als letzte Schicht eine Panzerung aus Bronzeblech, außerdem ein langes Schwert und einen Dolch.

Der Wagenlenker fuhr vom Platz, blieb aber in der Nähe. War der Wagenkämpfer erschöpft oder wurde er verwundet, ließ er sich in die Reihen des Fußvolks zurück fallen, wurde von dem Wagenlenker abgeholt und vom Schlachtfeld weggebracht.

Auch die Kelten Britanniens benutzten die Wagen noch Jahrhunderte später, wie Caesar in seinem Buch „Bello Gallico" berichtet und wie die Helden Homers, nutzte auch der irische Held Chuchulainn den Kampfwagen um zum Kampfplatz zu kommen.

Selten kämpfte der Wagenkrieger mit anderen in einer Phalanx. Allerdings findet sich bei Homer in der Ilias im 16.Gesang, Vers 210 ff die Beschreibung einer Phalanx:

„Enger schlossen sich die Reihen jetzt nach des Herrschers Gebote.
So wie mit dichten Steinen ein Mann die Mauer des Hauses
Hoch errichtet und fest, den Gewalten der Winde zu trotzen:
Also fügten sich fest die gebuckelten Schilde und Helme,
Schild an Schild und Helm an Helm, und Krieger an Krieger,

Und die buschigen Helme mit glänzenden Bügeln berührten,
Wenn sie nickten, einander: so standen sie eng vereinigt.
Allen aber voraus die zwei gewappneten Männer.
Patroklos neben Automedon, beide nur eines verlangend
Vorn an der Spitze der Myrmidonen zu fechten."

Das Schwert benutzte der Wagenkämpfer nur in Ausnahmefällen. Er kämpfte in der Regel Mann gegen Mann, hatte aber gegenüber den normalen Fußsoldaten einen Vorteil durch die bessere Rüstung und Ausbildung. Nach Homer waren die Fußsoldaten z.b. nur mit hölzernen Schildern mit sieben Lagen Rindsleder, ohne metallene Beschläge, ausgerüstet, die den schweren Lanzen der Wagenkämpfer kaum Widerstand leisteten. Es war eine Frage des Geldes. Eine teure Rüstung konnte sich ein normaler Bürger einer griechischen „Polis" gar nicht leisten.

Zu den Kelten
Möglicherweise zogen zusammen mit den griechischen Einwanderern verbündete Kelten in das Gebiet der Heuneburg. Dass das keltische Fürstengeschlecht in so relativ kurzer Zeit so wohlhabend wurde und über gute Verbindungen sowohl zu dem Gebiet des heutigen Marseille, als auch nach Etrurien und nach Athen verfügte, wie die Ergebnisse der Grabungen auf der Heuneburg nahe legen, lässt sich eigentlich nur durch die Anwesenheit griechischer Handwerker und Händler erklären. Nur diese Fremden verfügten über die entsprechenden Erfahrungen und die notwendigen organisatorischen, technischen und kaufmännischen Kenntnisse und Verbindungen. So lässt sich zum Beispiel der Erfolg der Keramikmanufaktur auf der Heuneburg zur Zeit der Lehmziegelmauer erklären, die ihre Waren in der näheren und weiteren Umgebung vertrieb. Es handelte sich um mit geometrischen Mustern in den Farben, grau, rot und weiß verzierte, so genannte Hochhalskeramik. Diese Keramik war von der Schwäbischen Alb bis an den Bodensee verbreitet.

Wahrscheinlich resultierte der Reichtum der keltischen Herrschersippe zu Beginn auch aus der Entlohnung ihrer Stammesmitglieder, denn die griechischen Einwanderer benötigten viele Arbeitskräfte, Lebensmittel und sicher auch Soldaten...

Da die Kelten damals noch keine Geldwirtschaft kannten, rechneten sie in Naturalien. Die höchste Rechnungseinheit war das Rind. Diese Eigenheit ist in die lateinische Sprache eingegangen, denn dort heißt Vieh „pecua", der Viehzüchter „pecuarius" und das Geld „pecunia". So könnte ein Rind den Gegenwert von 8 Schafen und ein Schaf den Gegenwert von 9 Scheffel Getreide besessen haben, um einige fiktive Zahlen zu nennen.

Der römische Politiker und General Gaius Julius Caesar hat die sozialen Beziehungen innerhalb der keltischen Gesellschaft beschrieben. Man kann davon ausgehen, dass die Verhältnisse zu seiner Zeit sich von denen während der Hallstattzeit kaum unterschieden.

So schreibt Caesar in seinem Buch: „Der gallische Krieg": „In ganz Gallien gibt es nur zwei Klassen Menschen von einigem Einfluss und Ansehen, denn der gemeine Mann ist fast Sklave, von allen zurückgewiesen und von jeder Staatsverhandlung ausgeschlossen. Der größte Teil begibt sich daher, gedrückt von den Schulden, den vielen Abgaben oder den Misshandlungen der Großen, in den Dienst des Adels, der dadurch über sie alle Rechte erhält, welche sonst Herren über Sklaven haben. Diese Klassen sind Druiden und Ritter."

Neben dem König und den Adligen kannten die Kelten weitere wichtige Ämter. Caesar spricht von der Klasse der Druiden. Dabei handelte es sich um das mit Abstand wichtigste Amt in der keltischen Gesellschaft. Es war die Hauptaufgabe der Druiden für ihren Stamm den Kontakt zu der „anderen Welt" und den unzähligen Gottheiten zu halten. Sie hatten den höchsten Bildungsstand in der Gesellschaft und waren von Abgaben und Kriegsdiensten befreit.

In bis zu 20 Jahren lernten die Schüler auf besonderen Schulen das gesamte Wissen ihres Volkes auswendig, denn der Gebrauch der Schrift war ihnen für religiöse und genealogische Themen untersagt.

Im Gegensatz dazu berichtet Caesar von den Helvetiern in seinem Buch „de bello Gallico", dass sie für Verwaltung und kaufmännische Zwecke die griechische Schrift benutzten. Die Helvetier sind der einzige Stamm, von dem Caesar solche Schriftkenntnisse berichtet. Möglicherweise haben die Helvetier durch den Kontakt mit den Griechen während der Hallstattzeit im heutigen Schwaben die griechische Schrift in größerem Rahmen kennen und schätzen gelernt. Die Helvetier räumten das heutige Schwaben erst zur fortgeschrittenen Latene-Zeit, im 1. Jahrhundert v. Chr. und zogen in die heutige Schweiz.

In diesen Schulen wurden nicht nur zukünftige Druiden unterrichtet, sondern auch die Eliten aller keltischen Stämme ausgebildet. Je nach Begabung oder der vorgesehener Stellung verließen die Schüler die Schulen zu unterschiedlichen Zeiten. So gingen die Barden, die Sänger, die im Land mit ihren Gesängen und Dichtungen das Volk unterhielten, nach wenigen Jahren ab, ebenso die Söhne der Privilegierten, der Adligen, die hier eine exzellente Kriegerausbildung genossen.

Über die Adligen berichtet Caesar: „Den zweiten Stand bildeten die Ritter. Erfordern es die Umstände und entsteht ein Krieg, was vor Caesars Ankunft fast alle Jahre geschah, um entweder selbst gewalttätige Einfälle zu tun oder Abwehr zu üben, so ziehen sie insgesamt zu Felde. Je edler und reicher dann einer ist, desto mehr Vasallen und Schutzgenossen hat er um sich. Ein anderes Zeichen von Macht und Ansehen kennen sie nicht."

So beschreibt Caesar die inneren Machtverhältnisse in der keltischen Gesellschaft. Er liefert damit auch die Erklärung für die Ursache des Reichtums der Oberschicht, wie er sich in den Hügelgräbern zeigt und für die absolute Macht der Führenden über die Masse des Volkes, so wie die extrem ungerechte Verteilung der weltlichen Güter innerhalb der keltischen Gesellschaft.

Ein keltischer Stammesverband konnte recht groß sein und wie die Beispiele in Irland zeigen, sich aus verschiedenen Sippen zusammensetzen, die jeweils Angehörige mehrerer Generationen umfassten. An der Spitze stand der König, Ri oder Rix genannt, der traditionell die Pflicht hatte, für die Sippe / den Stamm zu sorgen und die Aufgaben auf die verschiedenen Mitglieder zu verteilen. Entsprechend seiner zugewiesenen Verantwortung erhielt der Einzelne so viel Land und Vieh, wie er es für die Erfüllung seiner Aufgaben für den Stamm benötigte. Das Land gehörte der Gemeinschaft und die Äcker wurden dem einzelnen Familienoberhaupt vom König oder seinem Beauftragten jedes Jahr neu zugeteilt.

In Friedenszeiten war der König aber keineswegs der absolute Herrscher. Er war abhängig vom Rat der Alten, in Irland „Seonach" genannt und der jährlichen Volksversammlung. Nur im Kriegsfall verfügte er über die unumschränkte Macht.

Wie das Beispiel Irland zeigt, konnte sich ein König (Ri) einer kleineren Sippe einem größeren Stamm anschließen, indem er sich dessen König unterwarf. Seine Rechte, z.B. das Stimmrecht bei der Vollversammlung gingen dann auf den König des großen Stammes über. Im Gegenzug wurde er damit ein Schutzgenosse des mächtigeren Königs und wurde von diesem entschädigt. Diese Entschädigung richtete sich nach seiner Macht, der Größe der Sippe und der Zahl seiner Schutzbefohlenen, die er seinerseits in die Verbindung mit einbrachte. Natürlich gab es außer den Schutzgenossen auch Knechte (keltisch: „cumal") und Sklaven (keltisch:. „mug").

Die Stellung der Frau

Grundsätzlich standen in der keltischen Gesellschaft alle Ämter auch den Frauen offen. Es war nicht die Regel, aber es gab im Laufe der keltischen Geschichte Druidinnen, Königinnen und Kriegerinnen. In der irischen Sage erhält der Held Chuchulainn seine Ausbildung in Waffengebrauch und Kampftechnik von einer Frau.

Auch die Besitzverhältnisse waren bei den Kelten eindeutig gere gelt. Nach der Hochzeit behielt die Frau ihre Mitgift, ja entsprechend ihrem Besitz war auch die Beziehung der Eheleute untereinander geregelt. Brachte die Frau mehr Besitz in die Beziehung ein, als der Ehemann, hatte der eine untergeordnete Stellung – er war „ein dienender Mann". Bei einer Scheidung, auch dies war bei den Kelten möglich, behielt jeder Partner seinen ursprünglichen Anteil und der Zugewinn wurde im entsprechenden Verhältnis geteilt. Im Todesfall des Vaters konnten auch Töchter das väterliche Erbe antreten. Sie mussten sich in diesem Falle allerdings verpflichten, Kriegsdienste zu leisten.

So hatten die Frauen bei den Kelten, verglichen mit den Frauen bei den anderen zeitgenössischen Völkern, eine starke Stellung. Sie konnten nicht gegen ihren Willen verheiratet werden, die Scheidung fordern und ihr in die Ehe gebrachtes Vermögen behalten.

Druiden
Die Druiden bei den Kelten waren nicht nur Priester, sondern auch diejenigen, die über das Wissen ihres Volkes verfügten. Die Druiden beherrschten, wie Caesar schrieb, Griechisch in Wort und Schrift, dessen sie sich aber nur bei Staats- und Privatgeschäften bedienten. (Caesar, Der Gallische Krieg 6, 14, 3) Dafür spricht auch die Tatsache, dass später die irischen Mönche, die das Erbe der Druiden angetreten hatten, in Europa noch etliche hundert Jahre lang als die ‚Graecisten' galten - eine Folge einer sehr langen Tradition …

Noch zur Zeit Caesars waren die Druiden überregional organisiert. Sie trafen sich einmal jährlich im Land der Carnuten in Gallien. Bei diesen Treffen wurden Menschenopfer durchgeführt und unter anderem Recht gesprochen. Generell galt, wer die Urteilssprüche der Druiden nicht beachtete, wurde von den Opfern ausgeschlossen. Dies war für die Kelten die schlimmste Strafe. Die Verbannten waren von allem ausgeschlossen. Niemand wollte mit ihnen Umgang pflegen…

Bei den Treffen wurden auch Interna der Druiden abgehandelt. Zum Beispiel wählten sie bei Vakanz das neue Oberhaupt. Dabei soll es auch mitunter zu bewaffneten Auseinandersetzungen zwischen zwei Kandidaten, teilweise mit tödlichem Ausgang, gekommen sein.

So berichtet Caesar unter anderem: „Die Druiden stehen insgesamt unter einem Oberhaupte, dessen Ansehen bei ihnen sehr groß ist. Stirbt es, so folgt ihm nach, wer in ausgezeichnetester Achtung bei den Übrigen steht. Sind mehrere von gleichen Verdiensten da, so entscheidet die Wahl der Druiden. Zu Zeiten kämpft man auch mit den Waffen um diese Würde"

Kapitel 2
Die Stadt Pyrene / Heuneburg

Die große, antike Anlage „Heuneburg" an der Donau nördlich des heutigen Dorfes Hundersingen in Baden-Württemberg ist eine keltische Befestigung mit einer großen Außensiedlung und die vermutlich am besten erforschte Siedlung der Hallstattzeit in Schwaben. Außerdem weist die Heuneburg zu der Zeit, der aus luftgetrockneten Lehmziegeln erbauten Stadtmauer, vie-le griechische Merkmale auf, die den Schluss nahe legen, dass hier griechische Baumeister und Handelsherren mit den Kelten zum gegenseitigen Vorteil zusammengelebt haben.

Das wirtschaftliche Fundament der Stadt bildeten neben dem Handel, der Metallbearbeitung, eine Keramikmanufaktur und eine florierende Landwirtschaft. Möglicherweise hatte man auch einen Flusshafen angelegt, denn ab der Heuenburg erlaubte der Wasserstand der Donau eine Flussschifffahrt mit flachen Kähnen. Darauf deutet auch die gewaltige Toranlage mit Brücke über den Burggraben hin, die man auf der Donau zugewandten Seite in die Befestigung der Vorburg eingefügt hatte. Außerdem führte an der Donau eine uralte Handelsstraße entlang, die später von den Römern begradigt wurde.

So eine Straße bedeutete auch immer eine Einnahmequelle. Hier waren die unterschiedlichsten Menschen unterwegs, große und kleine Händler, Druiden, fahrende Sänger, Handwerker aller Art und natürlich auch Sklavenhändler mit ihrer Handelsware, den Sklaven. Die Reisenden brauchten Schutz bei Nacht, denn die Zeiten waren unsicher. Die eingesetzten Lasttiere benötigten Futter und Wasser und auch die Lastenträger brauchten eine Unterkunft bei Nacht. Mancher Händler mag auch mit Ochsenkarren unterwegs gewesen sein.

Es spricht viel dafür, dass es sich bei der Heuenburg um die von den antiken Autoren erwähnte Stadt „Pyrene" handelt. So berichtet der griechische Historiker Herodot (etwa 484- 424 v. Chr.) zu einem Zeitpunkt, an dem die Heuneburg schon zerstört und verlassen war, von Pyrene: „Der Istros (Donau) kommt aus dem Lande der Kelten von der Stadt Pyrene her und fließt mitten durch Europa." Auch die griechischen Gelehrten Hekataios von Milet (550-490 v. Chr.) und Eratosthenes (254-202 v. Chr.) verorteten in ihren Weltkarten die Kelten an der Donau

Vielleicht gibt es eine Erklärung für einen Zusammenhang zwischen dem Wort „Pyrene" und der Heuneburg. Auf der Heuneburg arbeiteten eine größere Keramikmanufaktur und zahlreiche Metallwerkstätten. Man kann davon ausgehen, dass sowohl die Brennöfen für die Keramik, als auch die Schmelzöfen der Metallhandwerker, bei Tag erheblichen Rauch entwickelten und deren Feuerschein auch nachts weit in der Umgebung zu sehen war. Vielleicht geht der Name „Pyrene" auf genau diese Tatsache zurück, denn in dem Wort Pyrene steckt das griechische Wort „Pyr" = Feuer.

Einen starken Hinweis auf einflussreiche, griechische Einwohner liefert auch die, auf im Mittelmeerraum gebräuchliche Art und Weise aus luftgetrockneten Lehmziegeln erbaute, Stadtmauer der Heuneburg. Allerdings fehlen an den griechischen Stadtmauern die vorspringenden Türme, wie sie in die westliche Mauer der Heuneburg eingefügt worden sind. Mauern dieser Bauart kennt man nur von Darstellungen phönizischer Städte. Ansonsten gleicht die Heuneburg der Lehmziegelmauer einer typischen, griechischen Stadt in den Kolonien, mit einer Akropolis (Burg) und einer größeren Vorstadt.

Westlich der Festung Heuneburg erstreckte sich eine Außensiedlung mit einer Fläche von bis zu 100 Hektar mit etwa 5.000 Einwohnern. So spricht vieles dafür, dass es sich bei der Heuneburg tatsächlich um das von den Griechen Hekataios von Milet im 6. Jahrhundert v. Chr. in seiner Weltkarte und das von Herodot im 5.Jahrhundert v. Chr. erwähnte „Pyrene" an der Donau handelt.

Die Heuneburg hat eine lange Geschichte. Die Anfänge sollen auf das 2. Jahrtausend v. Chr. zurückgehen. Ihre erste nachgewiesene Besiedlung datiert aus der mittleren Bronzezeit, aus der Zeit vom 15. bis zum 12. Jahrhundert v. Chr. Um den Platz gegen Überfälle besser verteidigen zu können, hatten die Bewohner den natürlichen Bergsporn mit Wall und Graben befestigt. Außerdem wurde die Siedlung noch durch eine „Holzkastenmauer" geschützt.

Mit dem Beginn der Urnenfelderzeit im 12. Jahrhundert v.Chr. wurde die Heuneburg aufgegeben, ohne dass Hinweise auf kriegerische Ereignisse oder andere Zerstörungen gefunden wurden. Vielleicht gibt es hier einen Zusammenhang mit der großen „bronzezeitlichen Wanderung" von Nord nach Süd um die Wende vom 13. zum 12. Jahrhundert v.Chr., im Rahmen derer auch manch andere Siedlung aufgegeben wurde.

Die Heuneburg zur Hallstatt-Zeit.

Gegen 650 v. Chr. erschienen Kelten auf der Heuneburg. Dabei legten die Siedler mehr Wert auf eine verkehrsgünstige, als auf eine strategisch günstige Lage, denn dafür wäre im Umfeld der Heuneburg der Berg „Bussen" wesentlich besser geeignet gewesen. Es liegt nahe, dass es sich bei der Heuneburg von Beginn an nicht in erster Linie um den Sitz einer mächtigen Dynastie handelte, sondern eher um ein Zentrum für Handel- und Gewerbe.

Zu dieser Zeit hatte sich das Klima erwärmt, es herrschte eine leichte Warmphase und überall in den Mittelgebirgen entstanden neue Höhensiedlungen. Diese Wetterentwicklung konnte durch die Untersuchung von Pollenprofilen aus den Eifelmaaren und Eisbohrkernen aus Grönland nachgewiesen werden. So fanden die Botaniker heraus, dass im 7. Jahrhundert v. Chr. große Waldflächen gerodet, Äcker und Wiesen angelegt wurden. Diese Leistung wurde durch die neuen Werkzeuge aus Eisen erleichtert, denn um diese Zeit hatten die Kelten der Hallstatt-Kultur die Fähigkeit, Raseneisenerz zu verhütten, erworben. Außerdem ließen sich Werkzeuge aus dem neuen Werkstoff über weite Strecken gewinnbringend verhandeln und sorgten für Wohlstand. So waren die Kelten in der Mitte Deutschlands bis zum heutigen Camburg an der Saale vorgedrungen und hatten die Werkzeuge aus dem neuen Metall entlang der Saale bis an die Elbe und in das Gebiet der unteren Havel vertrieben.

An dieser Stelle ist es vielleicht angebracht, einen groben Überblick über die Zeit der Heuneburg einzufügen: Der Zeitraum des Bestehens der Heuneburg, bezogen auf die Festung (Akropolis), wurde von der Wissenschaft nach archäologischen Maßstäben in Perioden eingeteilt, beginnend mit dem endgültigen Untergang der Stadt 470 v.Chr. als dem Ende von Periode I. Insgesamt ergaben sich aus den archäologischen Untersuchungen vier Perioden, die ihrerseits teilweise weiter unterteilt wurden. So umfasst die letzte Phase, die Zeit von 540 bis 470 v. Chr. die Perioden III-I. Im Laufe der Periode III b kehrte man zu der traditionellen keltischen Bauweise zurück. Die Festungsmauer aus luftgetrockneten Lehmziegeln bestand nur während der Perioden IV b/3 bis IV a/1, das heißt von etwa 620 bis 540 v. Chr.

Die keltische Holz/Erde-Mauer, die als Stadtmauer diente und die lockere Bebauung waren die Kennzeichen der ersten Siedlung in der Periode IV c, 1+ 2. Diese Periode wird in zwei Abschnitte geteilt, in die Abschnitte IV c/2, etwa 650 bis 620 v. Chr. und IV c/1 etwa 620 bis 600 v. Chr. In diesem Abschnitt, 620-600 v.Chr. wurde die alte Bebauung abgerissen und die Festungsmauer durch die Lehmziegelmauer im griechischen Stil und die lockere Bebauung durch kleinere Häuser an Straßen nach einem Stadtplan ersetzt. Möglicherweise wurde die Festung mit der Lehmziegelmauer von der Außensiedlung her errichtet, wofür Wissenschaftler Anhaltspunkte haben. So legt die Interpretation der Funde nahe, dass die Metallbearbeitung in der Außensiedlung in der Periode 4 einsetzt, auf der Akropolis aber erst in IV b3 und IV b2 beginnt, also nach 600 v.Chr.

Die etwas merkwürdig scheinende Zählweise ist der Tatsache geschuldet, dass die Archäologen zuerst auf die jüngste Schicht treffen.

Sie zählen also nicht von dem Beginn der Ereignisse sondern von dem Ende derselben her, wie die verschiedenen Horizonte aufeinander folgen. Das bedeutet, der letzte Horizont, der Älteste hat die höchste Kennzahl.

Auf der Heuneburg wurden die Geschichte der Festung (Akropolis) und der Außensiedlung nach unterschiedlichen Maßstäben in Perioden eingeteilt. Der Einfachheit halber wird die Geschichte der Heuneburg nach den Perioden der Festung dargestellt. Außerdem fallen bei der Betrachtung zwei unterschiedliche Phasen mit fremden Einflüssen auf.

    Phase I :   620/600 bis 540/530 v. Chr.
    Phase II: 540/530 bis 470 v. Chr.

Die Hauptmerkmale der Phase I sind die Gründung der Außensiedlung, die Bebauung der Heuneburg nach einem Stadtplan, die Errichtung der Festungsmauer mit an der Luft getrockneten Lehmziegeln nach griechischen Maßen und die rapide Zunahme der Bevölkerung. Aber es fehlen importierte Keramiken. In der ganzen Außensiedlung wurde keine einzige Scherbe Importkeramik gefunden. In der Akropolis konnten von den zahlreichen Überbleibseln der Importkeramik nur zwei Scherben der Periode IV, das heißt der Zeit der Lehmziegelmauer zugeordnet werden. Daneben gibt es aber zahlreiche Kleinfunde, die auf Oberitalien und den südöstlichen Alpenraum hinweisen. Die erste Phase umfasst die Zeit zwischen 620 und 540/530 v. Chr. entsprechend den Perioden IV c – IV a, 1

Die Phase II. ist gekennzeichnet durch zahlreiche Importe, vor allem bemalte griechische Keramik und Scherben von Amphoren, in denen wahrscheinlich Wein transportiert wurde. Daneben wurden aber auch Luxuswaren, Möbel und Ähnliches importiert, wie die Wissenschaft bei der Untersuchung der Gräber feststellt hat. Die Masse der Importkeramik stammt aus den Perioden II + I. Die zweite Phase umfasst die Zeit zwischen 540/530 und 470 v. Chr., entsprechend den Perioden III - I

Im Einzelnen:
Gegen 650 v.Chr. erschienen keltische Siedler auf der Heuneburg. Sie umgaben den natürlichen Bergsporn mit einer 5 Meter breiten Holz/Erde-Mauer und errichteten etwa 20 „Herrensitze" ohne erkennbare Ordnung auf der heutigen Heuneburg. Tore lagen an der Westseite, in der Nähe des heutigen Aufgangs und im Südosten an dem Abhang zur Donau.

Gegen 620 v. Chr., die Siedlung war verlassen und verfallen, fiel die Entscheidung, eine Mauer aus an der Luft getrockneten Lehmziegeln zu errichten. Vieles spricht dafür, dass Invasoren aus dem Mittelmeerraum, Griechen aus dem Mutterland und aus Kleinasien, vor der Heuneburg erschienen sind.

Für den Hintergrund dieser Entwicklung sind drei verschiedene Szenarien denkbar.

1. Die Heuneburg war von ihren Bewohnern verlassen worden. Die Invasoren trafen eine verlassene Siedlung an. Als mögliche Erklärung bietet sich die Mentalität der Kelten an, die generell immer bereit waren, ihre Wohnsitze zu verlassen und an einer anderen Stelle neu anzufangen. Das Land gehörte dem Stamm, also allen. Der Besitz der einzelnen Familie bestand aus den Dingen des täglichen Gebrauchs, dem Vieh und bei den Wohlhabenden zusätzlich aus Gold. Alles Dinge, die leicht auf einer Wanderung mitgenommen werden konnten.

Das bekannteste Beispiel für die Wanderlust der Kelten in historischer Zeit ist die Wanderung der Helvetier aus der heutigen Schweiz nach Gallien, die Caesar in seiner Schrift „de bello Gallico" beschreibt. Über die Gründe für den Entschluss, die angestammten Wohnsitze zu verlassen, führt Caesar aus: „Dieser beschränkten Lage wegen konnte das kriegerische Volk [Helvetier] zu seinem großen Missvergnügen sich nicht so weit ausbreiten und auch nicht so ungehindert seine Nachbarn angreifen. Bei ihrer Volksmenge und ihrem durch Kriege und Tapferkeit erworbenen Ruhme aber, war nach ihrer Meinung ein Land, das nur zweihundertvierzig Millien in der Länge und 180 Millien in der Breite hatte, für sie zu klein."

Die Helvetier waren gemäß dem Beschluss der Volksversammlung nach Westen aufgebrochen. Caesar schreibt, dass sie bei ihrer Abreise ihre Häuser und Städte angezündet hätten. Nun fanden die Archäologen aber kaum einschlägige Brandspuren in den helvetischen Siedlungen aus dieser Zeit. Möglicherweise irrte Caesar hier.

Die Situation erinnert an die Zustände um 1200 v. Chr. als in Schwaben reihenweise die Siedlungen verlassen wurden, ohne dass irgendwelche Spuren, die auf Kriege oder andere Katastrophen hinweisen würden, festzustellen gewesen wären. Die Einwohner zogen einfach weg. Vermutlich schlossen sie sich seinerzeit der großen bronzezeitlichen Wanderungsbewegung von Nord nach Süd an.

2. Die zweite Möglichkeit könnte auch auf die erste Szenerie zutreffen. Häuser und Befestigung waren nach 20 - 30 Jahren dringend erneuerungsbedürftig. Sowohl das Holz in der Festungsmauer, als auch der Häuser war durch die Feuchtigkeit verfault. Viele Häuser waren Pfostenhäuser, das heißt die Stämme wurden senkrecht in die Erde gestellt und faulten mit der Zeit durch. Dies traf auch auf die andere keltische Bauweise zu, bei der man Schwellen aus Eiche mit 30 cm Kantenlänge im Viereck als Rahmen waagrecht auf den Boden

legte, praktisch als Fundamentbalken, auf denen man dann die senkrechten Balken einfügte. (Schwellenbauweise). Möglicherweise scheute man den Aufwand die alten Gebäude abzureißen und neue Häuser aufzubauen. Da suchte man lieber einen anderen Siedlungsplatz. Dafür spricht auch, dass die Archäologen keine Spuren von kriegerischen Ereignissen und anderen Katastrophen feststellen konnten.

3. Die Griechen trafen mit ihren keltischen Verbündeten ein und waren so zahlreich, dass sie die ansässigen Kelten einfach überrannten. - Das ist aber sehr unwahrscheinlich. Es gibt auch keinerlei Hinweise auf kriegerische Ereignisse und die Kelten ihrerseits hätten sich nicht so ohne weiteres vertreiben lassen.

Von den drei Möglichkeiten erscheint die Zweite als die Wahrscheinlichste. Die Anlage war nach 30 Jahren verfallen und der Siedlungsplatz nicht mehr attraktiv. Vielleicht kamen auch noch politische Gründe dazu, seien es interne Probleme, oder die Volksversammlung hatte beschlossen, sich einem größeren Stamm anzuschließen. Möglicherweise war das Klima den Bewohnern einfach zu kühl und man zog Richtung Süden. Auch ein Seuchenzug käme in Betracht, dem eine größere Anzahl Bewohner zum Opfer gefallen war und der die Überlebenden veranlasste das Weite zu suchen.

So spricht einiges dafür, dass griechische Kolonisten aus dem Süden den Platz übernommen und die Ankömmlinge sich erst einmal auf dem Gebiet der späteren Vorstadt angesiedelt haben. Bei Untersuchung der tönernen Scherben haben Wissenschaftler Hinweise dafür gefunden, dass der Grabhügel „Hohmichele" vor dem Bau der Außensiedlung aufgeschüttet und diese vor der Errichtung der Lehmziegelmauer auf der Heuneburg erbaut worden sein könnte. Ähnlich argumentiert man mit Fibel-Serien, die in dem Grabhügel Magdalenenberg bei Villingen gefunden wurden und ebenfalls in der Außensiedlung auftraten, auf der Heuneburg aber fehlten. Dazu passt auch, dass die Balken des Zentralgrabs des Magdalenenberg 616 v.Chr geschlagen wurden. Auch wurde der Stamm der Tanne aus dem die drei Spaten der Plünderer gefertigt worden waren, wie die dendrochronologische Untersuchung ergab, etwa 50 Jahre nach der Bestattung gefällt. (565 v Chr.)

Vielleicht ist die Lösung des Rätsels ganz einfach. Die Ankömmlinge mussten sich erst einmal einrichten, das heißt Getreide aussäen und ernten, denn die mitgebrachten Vorräte reichten nicht ewig. Es mussten Handelsverbindungen mit den Nachbarn aufgebaut, Manufakturen, wie die Keramikproduktion gegründet und der Vertrieb organisiert werden. Schließlich erforderte ein so großes Unternehmen wie der Bau der Lehmziegelmauer und die Bebauung des natürlichen

Vorsprungs viele Arbeitskräfte. Selbst wenn es sich bei den Arbeitskräften um Sklaven und andere Abhängige gehandelt haben sollte, mussten sie doch ernährt und ausgerüstet werden.

Dazu passt, dass, wie die Archäologen festgestellt haben, die Bedeutung des Platzes mit dem Bau der Lehmziegelmauer für die nähere und weitere Umgebung innerhalb kurzer Zeit stark zugenommen hat. So stieg mit dem Bau der Lehmziegelmauer die Zahl der bäuerlichen Siedlungen und der kleineren Höhensiedlungen nach neueren Untersuchungen in einem Gebiet mit dem Radius von 20 Kilometern um die Heuneburg schnell an, um später, mit dem Fall der Akropolis, bis auf einige Reste wieder zu verschwinden.

Die Bauern hatten sich sicher in der Nähe der Heuneburg niedergelassen, weil hier ein großer Bedarf an Lebensmitteln bestand. Viele Menschen waren in den verschiedensten Gewerken beschäftigt und mussten versorgt werden. Die Bauern belieferten vielleicht nicht nur die Bewohner der Heuneburg mit Lebensmitteln, sondern könnten ihre Produkte auch exportiert haben. Der Markt war sicher vorhanden. So gab es in Sizilien und Unteritalien große griechische Städte.

Ein Beispiel mag dies verdeutlichen. Der Wohlstand der Stadt Sybaris, einer 720 v.Chr. von Achaiern aus Helike gegründeten griechische Kolonie an der Ostküste Kalabriens, deren Einwohner unter anderen mit der bekannten Stadt Milet an der heutigen türkischen Küste Handel trieben, war in Griechenland legendär und sie soll nach den antiken Autoren Strabon und Diodor 300.000 Einwohner gehabt haben.

Die Einwohnerzahl scheint etwas hoch gegriffen, aber eine solche Stadt war sicher ein guter Markt für Lebensmittel und Produkte aus der „Keltika". Der Transport war vermutlich nicht das Problem, denn die griechischen Schiffe waren seetüchtig und ihre Besatzungen ausgezeichnete Seeleute.

Dass dies durchaus möglich war, zeigen überlieferte Nachrichten antiker Autoren. So schreiben einige hundert Jahre später die römischen Autoren Varro und Strabon über die Lieferungen von landwirtschaftlichen Gütern aus Gallien nach Rom.

So schreibt Strabon, (63 v. Chr. – 26 n. Chr.) in seiner Geographie 4, 4, 3, über die Kelten der Latene-Zeit: „Ihre Schaf- und Schweineherden sind so zahlreich, dass ein Überschuss von Flauschmänteln und gepökeltem Fleisch nicht nur nach Rom, sondern in die meisten Regionen geliefert wird."

Und Varro schreibt, (Varro 2, 4, 10)

„Aus Gallien werden nun alljährlich Schinken, Würste, Speck und Hammen eingeführt."

So ist es nahe liegend, dass auch schon ein paar hundert Jahre vor den Römern landwirtschaftliche Produkte von der Heuneburg über Norditalien in die griechische Welt exportiert wurden. Vielleicht ist hier auch die Quelle für den Reichtum der keltischen Fürsten während der Phase der Lehmziegelmauer auf der Heuneburg zu suchen, wie er sich in den Beigaben in den Grabhügeln manifestiert.

Dafür spricht auch das Ergebnis der Untersuchungen der gefundenen Knochen und Zähne des Viehs (Rind, Schwein, Schaf und Ziege) auf „Strontium-Isotopen-Signaturen", womit die Herkunft des aufgenommenen Futters festgestellt und damit die Weidegründe identifiziert werden können. Die Untersuchungen ergaben, dass die Tiere bis auf 10 Kilometer weit entfernte Weiden getrieben worden waren. Man spricht von so genannter Umtriebs- oder Wanderweide, bei der die Tiere im Laufe eines Jahres, oder von Jahr zu Jahr auf verschiedene Weideflächen getrieben werden. Auch hat man zur Zeit der Lehmziegelmauer, 620 – 540/530 v. Chr., aus dem Schwarzwald und dem Gebiet nördlich der Schwäbischen Alb, aus Entfernungen von 60 – 80 Kilometer Vieh eingeführt. Allerdings kam der Viehhandel nach dem Untergang der Heuneburg 540/530 fast gänzlich zum Erliegen.

Es ist schwer vorstellbar, dass die ansässigen Kelten in der Lage gewesen wären, ein solches Unternehmen wie die Gründung einer kompletten Stadt zu starten. Dazu fehlten ihnen nicht nur die Erfahrung und das „know how", sondern auch der Willen, denn wie die Überlieferung berichtet, waren die keltischen Eliten mehr an ihrem eigenen Kriegsruhm interessiert.

Es gibt einen weiteren Hinweis darauf, dass eine größere Zahl Griechen angekommen sein könnte, und zwar ist es einer von mehreren Namen der späteren römischen Stadt „Augusta Vindelicorum", des heutigen Augsburg. Die Überlieferung nennt die Siedlung: unter anderen „Damasia Licatiorum". Dieser Namen setzt sich aus Begriffen zweier, unterschiedlicher Sprachen zusammen: „Damasia" bedeutet im Griechischen „Bändigung" und „Licatiorum" ist im Lateinischen der Genitiv Plural für „Licatius" – der Likatier. „Damasia Licatiorum" bedeutet also: „Die Bändigung der Likatier". Der Stamm der Likatier siedelte im Gebiet des heutigen Augsburg und später, zur Zeit der römischen Besatzung, waren die Likatier ein Teilstamm der Vindeliker.

Die Bezeichnung „Bändigung der Likatier" zeigt, dass die Ankunft der Fremden möglicherweise nicht ganz friedlich ablief. Es ist wahrscheinlich, dass die Invasoren entlang, beziehungsweise auf dem Fluss Lech, nach Norden in Richtung Donau gezogen sind und damit lag der Ort, das spätere Augsburg, auf der Marschroute der Invasion aus dem Süden.

Zu diesem Zeitpunkt kommen als Ausgangspunkte dieser Wanderung nur die Städte Spina und Hatria an der nordwestlichen Küste der Adria im Mündungsbereich des Flusses Po in Betracht. Gegründet wurden sie nach der Überlieferung von den Pelasgern, lange vor dem Trojanischen Krieg. Heute liegen die Reste dieser Städte einige Kilometer von der Küste entfernt im Landesinneren.

In der Antike hielt man die Pelasger für einen der ältesten Stämme Griechenlands. Sie werden schon bei Homer erwähnt. Über den Handel sollen Pelasger von Spina und Hatria Kontakt mit Volksstämmen in Mitteleuropa gehabt haben. Der Überlieferung nach folgten den Pelasgern die griechischen Phokäer aus Kleinasien, die auch gegen 600 v. Chr. Massalia (Marseille) gegründet haben sollen.

Zu den Phokäern schreibt Herodot: „Die Bewohner der Stadt Phokaia sind die ersten Hellenen gewesen, die weite Seefahrten unternahmen. Sie entdeckten das Adriatische Meer, Tyrsenien, Iberien und Tartessos. Sie fuhren nicht in runden Handelsschiffen, sondern in „Fünfzigruderern". In Tartessos schlossen sie Freundschaft mit dem König des dortigen Volkes, er hieß Arganthonios...."

Fünfzigruderer waren sehr schnelle Kriegsschiffe mit 50 Ruderern, auf jeder Seite 25 Ruderer, 38 m lang und etwa 4 m breit mit einem Tiefgang von 0,80 m, im Gegensatz zu den langsam fahrenden „runden" Handelsschiffen. Es liegt also nahe, dass die Phokäer die Pelasger als führende Schicht in den Städten Spina und Adria abgelöst und auch deren Handelsverbindungen zu den Stämmen Mitteleuropas übernommen haben.

Die Mutterstadt Phokäa, heute die türkische Hafenstadt „Foca", lag einiges südlich von Troja und kämpfte im Trojanischen Krieg auf Seiten der Griechen gegen Troja.

Vor diesem Hintergrund scheint es durchaus möglich, dass eine größere Anzahl Griechen aus allen griechischen Landschaften und andere, auch Trojaner, von Spina und Hatria aus, über die Alpen nach Schwaben eingewandert sind. Der Weg könnte sie über die heutigen Orte Vicenza, Trento, Bozen, über den Brenner-Pass, Innsbruck, nach Westen über einen weiteren Pass zum Fluss Lech, entlang und auf dem Fluss, über das Gebiet des heutigen Augsburg bis zur Donau und die Donau aufwärts bis zur Heuneburg geführt haben. Dieser Platz war seit der Urnenfelderzeit (gegen 1200 v. Chr.) und abgesehen von der kurzen Zeit keltischer Besiedelung gegen 650 v. Chr., verlassen.

Damals gab es noch keine Straßen in der Art, wie sie später die Römer anlegten. Und die alte Handelsstraße, die entlang der Donau an der Heuneburg vorbeiführte, war möglicherweise, wenn überhaupt noch vorhanden, stark verfallen. Es besteht aber auch die Möglichkeit, dass die Straße erst im Rahmen der allgemeinen Erschließung durch die Invasoren angelegt wurde. Schließlich entstanden mit der

Besiedelung und Entwicklung der Heuneburg etliche neue Siedlungen. Die Heuneburg könnte die erste von einigen, durch die Griechen gegründete Orte im heutigen Schwaben gewesen sein.

Als Verkehrswege dienten damals sicher noch die Flüsse, wie seit der frühen Steinzeit. So wurden zur Zeit der Bandkeramiker, im 5. u. 4. Jahrtausend v. Chr. die Beile und Dechsel (beilartige Werkzeuge) für die Holzbearbeitung aus Aktinolith-Hornblendschiefer vom Balkan die Donau hinauf bis zum heutigen Regensburg und dann über die Naab nach Norden transportiert, wie die flussnahen Funde von Depots fertiger und halbfertiger Beilklingen zeigen. Aber auch weiter Donau aufwärts wurden die Steinbeile transportiert, worauf ein Depotfund in der Nähe von Meßkirch hinweist.

Auf der Heuneburg wurden gegen 620/600 v. Chr., während der Periode IV b/3, die verfallenen Herrenhöfe abgerissen. Bei ihrer Untersuchung der Reste fanden die Wissenschaftler aber keine Hinweise auf kriegerische Ereignisse oder ein Großfeuer.

Die Herrenhöfe wurden durch kleinteilige Bebauung in Häuserzeilen an einem sich verzweigenden Wegenetz ersetzt. Anstelle der „Holz-Erde-Mauer" erbaute man eine Mauer aus getrockneten Lehmziegeln mit Bastionen. Die Häuser wurden noch auf die alte, keltische Art erbaut, während die Lehmziegelmauer in einer völlig neuen Technik aufgeführt wurde. Für dieses Vorhaben wurde gewiss eine große Zahl erfahrener Handwerker benötigt, die mit der Technik vertraut waren.

Diese Mauer war etwa 3 m breit und 4 m hoch. Die Archäologin Sabine Hagmann, Leiterin des Museums der Heuneburg (2007), schätzte die Länge der Mauer auf 750 Meter und die Anzahl der verwendeten, an der Luft getrockneten Lehmziegel auf gut eine halbe Million Stück. Vermutlich wurde die Mauer von einem überdachten, hölzernen Wehrgang gekrönt.

Die Mauer saß auf einem Fundament aus behauenen Kalksteinen von 50 cm Höhe, das die Bodenfeuchtigkeit von der Lehmziegelmauer fernhielt. Die Steine für das Fundament, mehrere tausend Kubikmeter, wurden von einem 6 Kilometer entfernten Steinbruch herbeigeschafft. Das Gewicht der einzelnen Steine betrug bis zu 150 kg. Für den Transport könnten Ochsengespanne mit einem Wagen oder mit einer Ackerschleppe, wie sie im Magdalenenberg bei Villingen ausgegraben wurde, benutzt worden sein. Wie die unterschiedlichen Farben der luftgetrockneten Lehmziegel zeigen, muss es mehrere Ziegeleien, etwa sieben gegeben haben. Gegen die Unbilden der Witterung brachte man jährlich einen neuen Kalkputz auf die Wände auf.

Die Maße der Ziegel der Lehmziegelmauer der Heuneburg entsprechen denen, die der römische Architekt Vitruvius für die griechischen „Tetradoron" überliefert. Auch der drei Meter breite Kalksteinsockel entspricht dem damaligen Norm-Maß, wie das Beispiel der Lehmziegelmauer in der griechischen Kolonialstadt Gela auf Sizilien zeigt. Allerdings sind die zehn vorspringenden Türme, mit den Maßen 6 x 8 Meter, an der westlichen Mauer der Heuneburg, die wohl ständig besetzt waren, wie große Mengen gefundener Tonscherben nahe legen, im Mittelmeerraum nicht üblich. Ihre Bauart erinnert an Darstellungen phönizischer Festungsbauten. Diese Lehmziegelmauer bestand bis in die Periode „Heuneburg, IV a, bis zum Untergang etwa 540/530 v. Chr.

Innerhalb der Mauer erfolgte die Bebauung nach einem festen Bebauungsplan. Man errichtete, einheitliche, eng in Zeilen angeordnete Häuser mit einem Grundriss zwischen 4m x 5m und 7m x 12m. Sie lagen an rechtwinklig zu einander angelegten Wegen und Straßen. Neben den Gassen und Wegen verliefen Abwassergräben. 2005 fand man westlich der eigentlichen Festung eine gewaltige Toranlage. Es handelt sich um einen Teil der Lehmziegelbefestigung und das Kalksteinfundament hat eine Länge von 16 Meter.

Vor der Heuneburg erstreckte sich die große Vorstadt. Sie war um ein Mehrfaches größer als die Festung und bedeckte eine Fläche von geschätzt bis zu 100 Hektar, in der sich Anwesen mit einer Größe von 1-1,5 ha befanden. Man schätzt die Zahl der Einwohner zu dieser Zeit auf mindestens 5.000 Personen. Zum Vergleich - damals lebten in Athen zwischen 5.000 und 10.000 Bewohner.

Hier findet sich ein weiterer Hinweis auf einen möglichen griechischen Einfluss, denn die Außensiedlung unterlag ebenfalls einer gewissen geplanten Ordnung. So wurde im Süden von Hügel 2 der Grabhügelgruppe „Gießübel-Talhau", ein etwa 6 Meter breiter Straßenzug, flankiert von zwei Zaun-Gräben auf beiden Seiten, freigelegt. Dieser Straßenzug entspricht in Art und Umfang den Hauptstraßen auf der Heuneburg. Auch in den griechischen Kolonien waren unter anderen 6,5 Meter breite Straßen ein übliches Maß, wie das Beispiel des, 624 v. Chr. von den Dorern als Pflanzstadt aus der griechischen Stadt „Megara Hyblaea" auf Sizilien gegründete Selinus (Selinunt), zeigt. Hier fanden Wissenschaftler genormte Straßen mit einer Breite von 9 m, 6,5 m und 3,5 m.

Bisher hat man nur ein Bruchteil der Vorstadt ausgegraben. Die Ergebnisse lassen eigentlich nur den Schluss zu, dass die Außensiedlung lediglich während der Zeit der „Lehmziegelmauer." bestanden hat. Allerdings ergaben neuere Untersuchungen, dass die Außensiedlung nach dem Untergang auf keltische Art wieder aufgebaut und kurz darauf bis auf einige Reste vor der Burg verlassen wurde.

Für die ungewöhnliche Bauweise der Lehmziegelmauer in der „Keltika", bietet die Überlieferung eine mögliche Erklärung. So berichtet sie von einem Baumeister aus Troja mit Namen „Phorcys", der Pforzheim und Ettlingen lange vor Christi Geburt erbaut haben soll. Auch soll der Name Pforzheim auf Phorcys zurückgehen und Ettlingen „Poseidonopolis" nach dem Gott Poseidon, dem Herrn der Welt, des Landes, als auch des Meeres, geheißen haben.

Vielleicht ist die Ursache dieser ungewöhnlichen Bauweise der Lehmziegelmauer in der Person des Baumeisters Phorcys zu suchen. Der Baumeister war offensichtlich ein angesehener Fachmann und unter Umständen auch an der Heuneburg tätig. Dies ist keineswegs so abwegig, wie es scheinen mag, denn auch der Name Phorcys weist in die Richtung Kleinasien.

„Phorcys" ist eigentlich der Name eines als Greis dargestellten Meeresgottes, ein „Alter des Meeres", wie sein Bruder Nereus. Seine Eltern waren der Meeresgott Pontos und die Erdgöttin Gaia.

Nun war es aber zu der damaligen Zeit bei den Griechen absolut unüblich, dass ein Sterblicher nach einer Gottheit benannt wurde. So gibt es in den Werken Homers, in Ilias und Odyssee, nur einen einzigen Sterblichen, der den Namen einer Gottheit trägt – „Phorcys". In der Ilias kommt Phorcys als Namen für einen Kämpfer der Phryger vor. Die Phryger lebten zur Zeit des Trojanischen Krieges in der Troas, der Gegend von Troja, das eigentlich „Ilion" oder „Ilios" genannt wurde und in Thrakien, der Landschaft auf der anderen Seite der Dardanellen. Eine Bemerkung in der Ilias legt nahe, dass die Phryger von den Trojanern für ihre Kriegsdienste bezahlt wurden.

So befehligten Phorcys und Askanios die Krieger der Phryger, die Verbündeten der Trojaner. Im 17. Gesang, Vers 215 treibt Hektor, der stärkste Krieger der Trojaner, unter anderen Phorcys zum Kampf an und im Vers 225 erinnert er die Söldner daran, dass er sein Volk mit Speisesteuern und Lasten beschweren musste, um sie zu entlohnen.

Hektor, der Sohn des Priamos, des Herrschers von Troja, war der oberste Heerführer der trojanischen Truppen und als Sohn des Königs Priamos dessen Kronprinz. Dagegen war Phorcys „nur" einer der Kommandeure der phrygischen Söldnertruppen. Insofern scheint es nicht ungewöhnlich, dass Hektor den Phorcys zur Ordnung rief.

Letztendlich fällt im 17.Gesang, Vers 310 Phorcys, der tapfere Sohn des Phainops im Kampf gegen den Griechen Ajas. Möglicherweise handelt es sich bei den drei erwähnten Phorcys' tatsächlich um eine einzige Person. Phorcys könnte aber auch ein gängiger Name bei den Phrygern gewesen sein.

Vor diesem Hintergrund erscheint ein Trojaner in Süddeutschland nicht ungewöhnlich, Troja gehörte zum griechischen Einflussgebiet und so mancher Trojaner ist wohl mit den Kolonisten aus dem südlich von Troja gelegenen Phokaia mitgezogen.

Allgemeines zu Troja.

Die Helden des trojanischen Krieges waren spätestens seit den Dichtungen Homers, der „Ilias" und der „Odyssee", die gegen 700 v. Chr. entstanden sein können, in Griechenland und in den Kolonien sehr populär. In Troja selbst wurden sie bis zur Einführung des Christentums besonders verehrt.

Der Platz von Troja ist seit urdenklichen Zeiten besiedelt. Spuren der frühesten Besiedlung stammen aus dem 5. Jahrtausend v. Chr. Nach jeder Katastrophe, sei es ein Erdbeben oder ein Krieg, wurde die Stadt neu aufgebaut. Insgesamt stellte man in den Ruinen von Troja zehn verschiedene Siedlungsschichten fest. (Troja I – X). Auf Grund von Keramikfunden nimmt man an, dass der Kampf um Troja dem Ende der Siedlungsschicht VII a zuzuordnen ist. Das bedeutet, der Untergang von Homers Troja hätte sich gegen 1200 v. Chr. ereignet.

Aber damit war die Geschichte Trojas nicht zu Ende, denn die Überlebenden bauten die Stadt wieder auf, wie so oft in der Vergangenheit. Während der Siedlungsschicht „Troja X", die bis ins frühe Mittelalter reicht, befand sich in Troja sogar ein byzantinischer Bischofssitz. Erst nach einer Serie schwerer Erdbeben wurde Troja im 5. Jahrhundert n. Chr. endgültig verlassen.

Zurück zur Heuneburg

Auf der Heuneburg wurde von Anfang an die Metallverarbeitung in der Südost-Ecke der Akropolis konzentriert – eine Quartiersbildung. Hier standen Werkstätten für die Buntmetallverarbeitung. Auch dies ist ein weiterer Hinweis auf die Anwesenheit von Griechen, denn die Quartiersbildung ist ein Kennzeichen der griechischen Polis. Allerdings fand man die Abfälle keineswegs flächendeckend, sondern nur an vereinzelten Stellen. Das kann bedeuten, dass dieses Viertel nicht ausschließlich von Metallhandwerkern bewohnt war. Vielleicht ist das Fehlen von größeren Metallfunden aber auch auf die Tatsache zurückzuführen, dass die Metalle damals sehr wertvoll waren und die Sieger von 540 / 470 v. Chr. den Brandschutt der zerstörten Siedlung nach den kleinsten Resten durchwühlt hatten. Aber auch in der Außensiedlung fanden die Archäologen Hinweise auf Metallverarbeitung.

Außerdem arbeitete auf der Heuneburg ein etruskischer oder ein einheimischer, in Etrurien ausgebildeter Bronzegießer. Das bedeutet, in der Heuneburg bestand ein Produktionspotential, das den lokalen

Bedarf weit übertraf. Der Ursprung wurde bereits in der Periode IV c, mit der Anlage der Außensiedlung gelegt.

Auch hat man auf der Heuneburg eine florierende Werkstatt für die Herstellung von Bogenfibeln mit Verbindungen in den Mittelmeerraum gefunden. Außerdem wurden, wie Reste beweisen, in der Heuneburg auch Bronze und Glas hergestellt. Die Herstellung von Bronze setzte ein hohes Maß an Erfahrung voraus und auch die Versorgung mit Rohmaterialien musste gesichert sein. Das bedeutet, zum einen wurden qualifizierte Fachleute für die Herstellung von Bronze und Glas benötigt und zum anderen müssen auch Verbindungen zu Fernhändlern bestanden haben, die das seltene Zinnerz heranschaffen konnten. Das Zinnerz, beziehungsweise das Metall Zinn war selten, hoch begehrt und sicher auch teuer. Außerdem arbeitete eine Keramikmanufaktur auf dem Gebiet der Heuneburg, die ihre Waren in der weiteren Umgebung vertrieb.

So umfasste die wirtschaftliche Basis der Heuneburg außer dem Handel, die Herstellung und Verarbeitung von Bronze, Glas und Keramik, sowie die Kontrolle der alten Handelsstraße entlang der Donau. Außerdem diente die Heuneburg vermutlich als Stapelplatz, als Ausgangspunkt einer florierenden Binnenschifffahrt auf der Donau.

Über die antike Binnenschifffahrt auf der Rhone berichtet der Autor Strabon: Zitat: „Ganz Gallien ist von Flüssen durchströmt […], die zum Teil in den Ozean [Atlantik] münden, zum Teil in unser Meer [Mittelmeer] […]. Sie haben einen so geschickten Lauf, dass die Waren leicht aus einem Meer ins andere gebracht werden können, so dass man sie nur kurze Strecken über Land zu schaffen braucht, die längste Strecke des Weges werden sie auf Flüssen hin- und hertransportiert. […] In dieser Hinsicht hat die Rhone ganz besondere Vorzüge, denn […] sie gestattet eine lange Fahrt stromaufwärts mit großen Lastschiffen und nach allen Richtungen, weil die in sie einmündenden Flüsse schiffbar sind und die größten Lasten tragen können."

Die Verhältnisse auf der Donau dürften ähnlich gewesen sein und man kann annehmen, dass die Flussschiffe auch getreidelt wurden, wie ein gallo-römisches Relief aus späterer Zeit aus Cabriès d' Aygues zeigt. Auf dem Bildnis werden Menschen dargestellt, die ein mit Fässern beladenes Schiff an Seilen vom Ufer aus auf einem Fluss ziehen. (treideln).

Die Verhüttung der Erze und die Vermarktung der gewonnenen Metalle lag sicher in griechischer Hand. Der keltischen Elite fehlte zu diesem Zeitpunkt sicher nicht nur das Wissen und die Erfahrung, sondern auch das Interesse. Sie waren mehr mit Kämpfen und „Krieg führen" beschäftigt.

Der keltische Stamm war so organisiert, dass nur eine kleine Oberschicht über die Reichtümer verfügen konnte. Der größte Teil des Stammes war praktisch rechtlos und von den Führenden abhängig. Umgekehrt aber war der Anführer auch verpflichtet, seinerseits für das Wohlergehen seiner Klienten und damit des Stammes zu sorgen. Nach der Vorstellung der Kelten galt dies auch in der „anderen Welt". Im Kriegsfall zog der Fürst an der Spitze der mit ihm besonders verbundenen Gefolgsleuten, seinen „Klienten" in die Schlacht.

Bei Betrachtung der Ereignisse und des großen kulturellen Unterschieds zwischen den Griechen und den Kelten scheint es durchaus wahrscheinlich, dass eine größere Anzahl Griechen, darunter auch Trojaner, aber auch Griechen aus dem Peleponnes, nach Süddeutschland gereist ist und sich dort festsetzte. Sie könnten von den zahlreichen Erzvorkommen, hauptsächlich dem Eisenerz, angelockt worden sein.

Vermutlich handelte sich um eine richtige Expedition, die griechische Unternehmer von Spina und Hatria aus organisierten, bestehend aus Soldaten, Handwerkern, Händlern, Fachleuten für Erze und Metalle und so manchen Abenteurern, die ihr Glück in den nördlichen Gefilden machen wollten. Möglicherweise beabsichtigte man, eine oder mehrere Pflanzstädte zu gründen.

Wie der Name „Damasia Licatiorum" für Augsburg nahe legt, mussten sie im Gebiet des heutigen Augsburg eine Auseinandersetzung mit den Licatiern bestehen. Von dort zogen sie zu der heutigen Heuneburg. Vermutlich kannten sie ihr Ziel recht genau; denn es ist unwahrscheinlich, dass die Unternehmer aus Spina und Hatria nach Norden marschieren ließen, ohne das Ziel zu kennen. Die ganze Operation war offensichtlich gründlich vorbereitet worden und vor allem hatte man die richtigen Fachleute für den Zug gewinnen können, ansonsten ließe sich die Aufbauleistung in der relativ kurzen Zeit nicht erklären.

Ausgehend von der Heuneburg könnten dann weitere Festungen und Orte, sowie die Bergwerke und Schmelzöfen, in denen die Erze verhüttet wurden, erbaut und eingerichtet worden sein. Die Heuneburg könnte in diesen frühen Zeiten als Zentrum und Nachschublager für die Kolonisten gedient haben. Von hier, der gut ausgebauten Festung und dem „Industriezentrum" her, wären dann die anderen griechischen Siedlungen gegründet worden. Die Herren der Heuneburg hielten sicher auch die Verbindungen nach Norditalien aufrecht, beziehungsweise ein großer Teil der Metallproduktion wurde über die Städte Spina und Hatria in dem griechischen Mittelmeerraum vertrieben.

Dazu passt auch die Bemerkung des Tacitus, dass in der fraglichen Gegend zur römischen Zeit viele Steine mit griechischen Inschriften gefunden worden sein sollen. Tacitus schreibt in seiner Schrift „Germania" über die Griechen in Germanien: „Doch auch Ulixes, (Odysseus) so meinen welche, habe auf seiner langen sagenreichen Irrfahrt in jenes Nordmeer verschlagen, germanische Länder betreten; Asciburgium, am Ufer des Rheins gelegen und noch heute bewohnt, sei von ihm gegründet und benannt. Ja ein Denkstein, der, von Ulixes errichtet, auch den Namen seines Vaters Laertes trage, sei vorzeiten an diesem selben Ort aufgefunden worden, und etliche Denk- und Grabmäler mit griechischer Schrift gäbe es in der germanisch-rätischen Grenzmark noch heute. Dies alles mit Gründen zu stützen oder abzuweisen, habe ich nicht im Sinn; man schenke oder versage dem Glauben, wie es jedem beliebt."

Asciburgium entspricht laut der Karte des Ptolemaeus dem heutigen Moers / Asberg. Die germanisch-rätische Grenzmark lag zu Zeiten des Tacitus im heutigen Schwaben. Die Provinz „Rhaetia" umfasste damals das Alpenvorland vom Schwarzwald bis an die westliche Grenze der Provinz „Norica", die ungefähr mit der heutigen Grenze zwischen Bayern und Österreich gleichzusetzen ist. Die Germanen waren zu Lebzeiten des Tacitus schon bis an den Limes herangerückt und die keltischen Helvetier in die heutige Schweiz ausgewichen. Das weitgehend entvölkerte Gebiet am Ostrand des Schwarzwaldes nannten die Alten die „helvetische Einöde".

Tacitus Publius Cornelius (55 – um 120 n.Chr.) war ein römischer Historiker, der etliche hohe Ämter bekleidete. So war er 97 römischer Konsul und in den Jahren 112/113 Prokonsul in der Provinz Asia.

Die Bemerkung des Tacitus ist ein starker Hinweis auf die Tatsache, dass sich zahlreiche Griechen in der Gegend des heutigen Schwaben aufgehalten und dort auch längere Zeit gelebt haben, beziehungsweise auch gestorben sind. Gedenksteine setzt man nicht im „Vorüber gehen", sondern sie setzen voraus, dass in der Gegend nicht nur zahlreiche Griechen lebten, sondern dass es unter ihnen etliche gab, die auch über einen gewissen Einfluss und Wohlstand verfügten.

Dazu passt auch, dass die Überlieferung davon spricht, dass in „der schönen Gegend, am Zusammenfluss von Enz und Neckar"… „daß man es wohl einen Garten nennen kann / darvon die 'Charitini' so hier herum gewohnt haben sollen…".

Die Chariten, Töchter des Zeus, waren die griechischen Göttinnen der Anmut. Es waren Aglaia – Glanz, Euphrosyne – Frohsinn und Thalia – Blüte.

Die Heuneburg mit der Lehmziegelmauer entspricht in ihrer städtebaulichen Anlage mit Akropolis, Vorstadt und der Aufteilung der

Wohnquartiere in der Festung, mit Ausnahme der Bastionen, einer typischen griechischen „Polis" (Stadt) im 7. und 6. Jahrhundert v. Chr. Allerdings war die Trennung in Ober- und Unterstadt nicht sehr ausgeprägt. Auch in der eigentlichen Heuneburg waren Handwerker angesiedelt. Ebenso wenig lassen sich an der Fundverteilung, in der Heuneburg einerseits und der Außensiedlung andererseits, soziale Unterschiede zwischen den Bewohnern ablesen.

Die Heuneburg mit der Lehmziegelmauer war von zwei Brandkatastrophen betroffen. Die Ursachen waren jedes Mal kriegerische Auseinandersetzungen. Die erste Brandkatastrophe ereignete sich in der Periode IVa/2. Auffälliger Weise wurden die Häuser aber weitgehend auf demselben Platz, in der gleichen Größe und auf die gleiche Art wieder aufgebaut. Das bedeutet die griechischen Einwohner behielten ihren Einfluss und wurden zum großen Teil weder erschlagen noch vertrieben.

Um 540/530 v.Chr. ereignete sich die 2.Brandkatastrophe (Periode VI a/1). Die Heuneburg wurde erneut belagert, erobert und eingeäschert. In den Brandschichten fanden sich Schleudersteine, Pfeil- und Lanzenspitzen. Burg und Unterstadt gingen in einer gewaltigen Feuersbrunst unter.

Dieses Ereignis war Teil eines großen Umschwungs in der keltischen Welt. Die Verbindungen mit der griechischen Welt rissen aber nicht ab. Im Gegenteil, der Handel mit dem griechischen Massalia (Marseille) blühte auf.

Vielleicht stammten die Aggressoren aus der Nachbarschaft. Sollte dies zutreffen, würde es bedeuten, dass auf der Heuneburg zwei verschiedene Parteien lebten. Auf der Akropolis lebten die Griechen und der mit ihnen verbündete keltische Clan und in der Außensiedlung ein anderer keltischer Clan mit eigenem König und Druiden. Das könnte auch die Parallelstrukturen erklären, wie die Tatsache, dass auf der Akropolis; als auch in der Außensiedlung Metalle verarbeitet wurden. Auch das Festgebäude unter Hügel 4 in der Nekropole Gießübel-Talhau mit seiner Ausdehnung von 21 auf 17 Meter würde dazu passen.

Hätte nur eine keltische Sippe auf der Heuneburg gelebt, die Aggressoren hätten die Burg im Handstreich nehmen können, und die Zerstörungen hätten nicht dieses Ausmaß angenommen. Denn wie die Ausgräber feststellten, ging die ganze Anlage in Flammen auf.

Außerdem hatten die Aggressoren fundierte Kenntnisse der griechischen Sprache und Kultur. Dafür sprechen zwei Argumente. Zum einen der einsetzende „Importstrom", die vielen Güter aus der Gegend von Massalia und Griechenland, die zur Heuneburg gelangten. Zum anderen berichtet Caesar, dass man im Lager der besiegten Helvetier große Listen mit den Namen der Teilnehmer an dem Zug nach Gallien in griechischer Schrift gefunden hatte. Möglicherweise haben die Helvetier die griechische Schrift und natürlich auch die Sprache bei den Griechen während der Zeit der Lehmziegelmauer kennen und schätzen gelernt. Natürlich nicht der „kleine Mann" sondern nur die Angehörigen der Elite, die Familien der Herrschenden. Die Helvetier sind das einzige keltische Volk von dem Caesar Kenntnisse einer Schrift berichtet. Selbstverständlich hat das die Herren Kelten nicht davon abgehalten, einen Aufstand zu entfesseln und die griechischen Partner zu vertreiben oder zu erschlagen.

Vielleicht handelte es sich bei der Heuneburg ursprünglich auch nur um eine Dependance der Kaufleute von Spina und Hatria. Es ist doch sehr auffällig, dass zur Zeit der Lehmziegelmauer wenig aus dem Mittelmeerraum importiert wurde. Auch könnte diese Tatsache die friedlichen Zeiten erklären, etwas das den Kelten gar nicht lag. Irgendein Einfluss hinderte die Herren daran, in gewohnter Art und Weise über einander herzufallen.

Die Situation spiegelt sich auch in den Begräbnissen, beziehungsweise in den Beigaben. Im 7. Jahrhundert v. Chr. dominierte unter den Grabbeigaben das Hallstattschwert. Es fällt auf, dass mit dem Beginn des 6. Jahrhunderts v. Chr. nur jedes zehnte bis zwanzigste Männergrab über den Schmuck hinaus eine oder mehrere Waffen enthielt. In den meisten Fällen handelte es sich um Lanzen. Einige hohe Herren waren sogar mit Hüten aus Birkenrinde und Angelausrüstung auf die letzte Reise geschickt worden. Es scheinen vergleichsweise friedliche Zeiten gewesen zu sein.

Mit der Eroberung und Zerstörung der Heuneburg 540/530 v. Chr. ging der griechische Einfluss zurück. Die keltischen Herren hatten das Zepter wieder übernommen. Die Lehmziegelmauer wurde weitgehend durch die bewährte Holz-Erde-Konstruktion ersetzt und der Baustil auf der Festung mit den kleineren Häusern an ordentlichen Straßen durch die ungeordnetere Bebauung mit Einzelgehöften abgelöst. Ein 14 x 25 Meter großes „Herrenhaus" in der Süd/Ost-Ecke der Burg dominierte die gesamte Fläche. Ansonsten herrschte die lockere Bebauung vor.

Von der Brandkatastrophe 540 v.Chr. war nicht nur die Akropolis sondern auch die Außensiedlung betroffen. Festung und Außensiedlung wurden auf die traditionelle, keltische Art und Weise wieder aufgebaut, denn die Außensiedlung wurde erst während der Periode III b der Heuneburg bis auf ein kleines Vorburgareal aufgegeben. Vermutlich waren wirtschaftliche Gründe für die endgültige Aufgabe der Außensiedlung ausschlaggebend. Mit dem Verschwinden der Griechen hatten sich jede Menge Sachverstand, unzählige Geschäftsbeziehungen und sicher auch viel Kapital verflüchtigt. Die keltischen Handwerker und Bauern konnten ihre Produkte nicht mehr in dem Umfang absetzen, wie zur Zeit der Griechen. Hinzu kommt vielleicht auch, dass mit dem Verschwinden der Griechen auch große Teile der ursprünglichen Bewohner weg zogen, beziehungsweise erschlagen oder vertrieben wurden.

Im Rahmen einer botanischen Untersuchung der ursprünglichen Bodenfläche stellte man fest, dass die späthallstattzeitliche Außensiedlung unmittelbar vor dem Bau des Grabhügels Nr. 1 der Nekropole Gießübel-Talhau, etwa 500 Meter nordwestlich der Heuneburg, aufgegeben wurde. Das bedeutet, dass der Grabherr von Hügel 1 erst in der Periode 1 der Außensiedlung / Periode III b der Heuneburg sein letztes Domizil bezogen hat. Zu diesem Zeitpunkt wurde die nach dem Brand von 540 v.Chr. neu erbaute Außensiedlung verlassen, wie die Wissenschaftler festgestellt haben. Das bedeutet, Heuneburg und Außensiedlung waren schon in der traditionellen keltischen Art und Weise wieder aufgebaut worden. Diese Auffassung wird auch durch die Tatsache gestützt, dass sich die Baustrukturen der Perioden 1 in der Außensiedlung und III b in der Heuneburg grundsätzlich von den Strukturen der davor liegenden Perioden vor der Brandkatastrophe von 540 v.Chr. unterscheiden.

Im Gebiet des Grabhügels 4 der Nekropole Gießübel-Talhau stand zur Zeit der Lehmziegelmauer ein keltischer Großbau mit etwa 320 m² Grundfläche und großen Ähnlichkeiten mit etruskischen Palastbauten von Murlo und Acquarossa. Das Gebäude hatte mindestens ein Stockwerk. In dem Gebäude befanden sich ein Kuppelbackofen und vier Feuerstellen. Im Bereich der Mitte des Gebäudes befand sich ein Rauchabzug, ein Schornstein aus Holz.

Ursprünglich hielten die Ausgräber das Gebäude für eine Werkstatt. Aber auf Grund seiner Ausstattung und seiner Größe hält man es nun eher um den Fest- und Versammlungsraum eines keltischen Fürsten.

Wie die antiken Autoren und die irischen Sagen übereinstimmend berichten, sammelten die keltischen Fürsten ihr Gefolge gern bei großen Gelagen. Hier trugen die Barden ihre Loblieder auf die Herrschenden vor und der tapferste Krieger erhielt das größte Stück Fleisch. Für diesen Anlass waren auch die großen Kessel bestimmt, die man in den Fürstengräbern der Hallstattzeit fand. Aus diesen Kratern wurde bei diesen Gelagen Met, später importierter Wein ausgeschenkt.

Das könnte bedeuten:

1. Zur Zeit der Lehmziegelmauer befand sich ein keltisches Machtzentrum in der Außensiedlung. Der Fürst residierte nicht auf

der Heuneburg, diese wurde vermutlich von den Griechen und Angehörigen einer anderen keltischen Sippe kontrolliert. Dafür sprechen die parallelen Strukturen auf der Heuneburg und in der Außensiedlung. So arbeiteten sowohl in der Heuneburg als auch in der Außensiedlung Metallhandwerker und die Wissenschaftler konnten keine sozialen Unterschiede zwischen den beiden Siedlungsgebieten ausmachen. Aber auch das Ausmaß der Zerstörungen spricht für zwei Parteien, denn hätten Angehörige der Sippe, die in der Außensiedlung lebte, auch in der Heuneburg gewohnt, hätten diese die Festung im Handstreich genommen, ihren Familienangehörigen die Tore geöffnet und es wäre nicht zu den großen Zerstörungen gekommen. Offensichtlich kam es aber zu erbitterten Kämpfen, denn sowohl die Heuneburg, als auch die Außensiedlung gingen in Flammen auf. Die Sieger nahmen die Festung in Besitz. Die Lehmziegelmauer wurde teilweise geschleift und durch eine traditionelle, keltische Holz-Erde-Mauer ersetzt. Auch die Bebauung wurde geändert. An Stelle der kleinen Häuser an Straßen nach einem Plan wurde die Burg locker mit größeren Gebäuden, darunter Repräsentationsbauten mit gewaltigen Ausmaßen bebaut. Das Festgebäude in der Außensiedlung wurde nicht mehr gebraucht und deshalb nicht wieder aufgebaut. Stattdessen errichtete man in der Periode III b auf der Fläche 2 kleinere Gebäude, die dann kurze Zeit später zusammen mit dem größten Teil der wiedererbauten Außensiedlung, verlassen wurden.

2. Für einen Aufstand der Bewohner der Außensiedlung spricht auch die Tatsache, dass die Siedlung nach den Kämpfen neu aufgebaut, beziehungsweise kurz darauf wieder aufgegeben wurde. Eroberer von auswärts hätten sich nicht die Mühe gemacht, die Siedlung in der alten Ausdehnung wieder aufzubauen.

3. Eine mögliche Erklärung für die weitgehende Aufgabe der Außensiedlung wäre ein wirtschaftlicher Einbruch. Dadurch, dass die griechischen Herren erschlagen und / oder vertrieben worden waren, gingen Absatzmärkte verloren, Verbindungen lösten sich auf. Der Viehhandel, man hatte zur Zeit der Lehmziegelmauer Vieh aus dem Schwarzwald und aus dem Gebiet nördlich der Schwäbischen Alb aus Entfernungen von 60 – 80 Kilometer eingeführt, kam fast zum Erliegen.

4. Der Prozess des Niedergangs vollzog sich über einen längeren Zeitraum. Das wäre die nahe liegendeste Erklärung für die Tatsache, dass die Außensiedlung nach dem Untergang von 540 v. Chr. wieder erbaut und einige Zeit später aufgegeben wurde. Auch die zahlreichen bäuerlichen Niederlassungen in der Nähe der Heuneburg verschwanden zu dieser Zeit bis auf zwei Fundplätze. Von der wieder aufgebauten Außensiedlung blieb nur die kleine Vorburg vor der

südwestlichen Seite der Heuneburg erhalten.

Im Vorburgareal fand sich auch eine Toranlage, ein 16 m langes Kammertor mit einer 14 Meter langen Holzbrücke, die den Zugang von der Vorsiedlung zur Burg sicherte. Dieses Vorburgareal hatte man aufwendig befestigt, wie die heute noch im Gelände sichtbaren Vorwälle und Gräben zeigen. Ein Stück Holz der Toranlage konnte auf das Jahr 520 v.Chr. in der Bauperiode Ia der Heuneburg datiert werden.

5. Vielleicht spielte aber auch die Konkurrenz eine Rolle. So gilt die Feststellung des Gelehrten Zürn in seinem Buch „Hallstattforschung in Nordwürttemberg 1970" bis heute. Er hat herausgefunden, dass sich in der Späthallstattzeit zwei Einflussbereiche in Südwest-Deutschland entwickelt hatten. Bei deren Zentren handelt es sich um die an der oberen Donau gelegene Heuneburg und den Hohenasperg am mittleren Neckar, als die zentralen Orte. Dabei könnte die Heuneburg etwas früher entstanden sein. Die Grenze zwischen den beiden Herrschaftsgebieten verlief, wie Funde belegen, am nördlichen Rand der Schwäbischen Alb.

Offensichtlich profitierten die Herrscher des Hohenaspergs vom Niedergang der Heuneburg, denn um diese Zeit erreichten sie eine besondere Bedeutung.

Da der Hohenasperg seit Jahrhunderten bebaut ist, konnten die Wissenschaftler die dort vermutete, keltische Siedlung nicht untersuchen. Ihre Schlüsse beruhen auf den Erkenntnissen, die sie aus der Untersuchung der Gräber, die dem Hohenasperg zugeordnet werden können, gewonnen haben. Ein Beispiel ist das Grab des Fürsten von Hochdorf. Bei der Untersuchung der DNA der Verstorbenen hat man eine Verwandtschaft zwischen den Herren von Hochdorf und Hohenasperg in der mütterlichen Linie festgestellt.

6. Der wirtschaftliche Niedergang und die neuen Machtverhältnisse könnten dazu geführt haben, dass sich zahlreiche keltische Familienverbände in Richtung Oberitalien aufmachten. Dafür spricht auch, dass sich die Hallstatt-Fibeln der Heuneburg zu Beginn des 5. Jahrhunderts von den südalpinen bis oberitalienischen Fibeln nicht unterscheiden lassen. Man kann davon ausgehen, dass zur Zeit der Lehmziegelmauer auf der Heuneburg vielfältige Beziehungen mit Oberitalien, nicht nur auf geschäftlicher Basis gepflegt wurden.

Die Lage des Zentralgrabs des Hügels 4 in der Mitte des abgebrannten Fest- und Versammlungshauses ist ein unwahrscheinlicher Zufall, denn nach dem Brand von 540 v.Chr wurde der Bauschutt planiert und auf der Fläche neue, kleinere Häuser gebaut. Das heißt, man fand zwei verschiedene Bauhorizonte in Periode III b. Das bedeutet, die Häuser wurden an dieser Stelle einmal in Periode III b erneuert und erst danach wurde das Zentralgrab ausgeschachtet und der Hügel aufgeschichtet - Jahre nach dem Untergang der Festung mit der Lehmziegelmauer in der Brandkatastrophe um 540 v. Chr.

Nach der Schlacht von Alalia (540 v. Chr.), die zu Ungunsten der Griechen gegen die Phöniker ausgegangen war und in deren Folge der Seeweg nach Tartessos und Cornwall durch die Straße von Gibraltar für die Griechen versperrt war, intensivierten diese den Handel über Land, den sie vorher nicht sonderlich beachtet hatten. Massalia (Marseille) hatte bis dahin überwiegend über See Handel getrieben, über Land nur mit der unmittelbaren Umgebung. Möglicherweise gibt es einen Zusammenhang zwischen den beiden zeitnah stattgefundenen Ereignissen – der Niederlage der Griechen in der Seeschlacht bei Alalia 540 v. Chr. und der Brandkatastrophe auf der Heuneburg und dem Ende des beherrschenden griechischen Einflusses. Es ist denkbar, dass die Bemühungen der Griechen um neue Handelswege in Gallien nicht nur friedlich verliefen und den Anstoß bildeten für zahlreiche, innerkeltische Auseinandersetzungen, in deren Rahmen es auch zu dem Aufstand der keltischen Geschäftspartner gegen die griechischen Kolonisten auf der Heuneburg gekommen sein könnte. Dafür spricht auch, dass die Sieger die griechische Kultur, Luxuswaren und vor allem den Wein schätzten. Auch setzte sich erst in der letzten Phase, nach 540 v. Chr., der Gebrauch der Töpferscheibe auf der Heuneburg durch.

Gegen 470 v. Chr. ging die Heuneburg erneut in Flammen auf, wurde verlassen und nicht mehr aufgebaut. Etwa gleichzeitig mit der Heuneburg wurden ähnliche Anlagen, wie der Mont Lassois in Burgund aufgegeben. Zugleich erlebten nördlich gelegene Orte wie der Hohenasperg und die Siedlung auf und um den Berg „Ipf" einen Bedeutungszuwachs.

Der Untergang der Heuneburg 470 v. Chr. und ähnlicher Anlagen im Westen könnte mit dem sagenhaften Zug des Segovesus in einem Zusammenhang stehen. Die Überlieferung berichtet, dass zu Zeiten des letzten römischen Königs Tarquinius Superbus, der 493 v. Chr. als Gast des Tyrannen Aristodemus der Stadt Cumis gestorben sein soll, der keltische König Ambigatus, weil sein Volk zu zahlreich geworden war, einen Teil der jungen Leute seines Stammes unter dem Kommando der Söhne seiner Schwester, Bellovesus und Segovesus, ausgesandt hatte, neue Kolonien zu erobern. Bellovesus erhielt Norditalien und Segovesus die Landschaft um den heutigen Schwarzwald.

Es ist denkbar, dass Segovesus und seine Truppen verschiedene keltische Fürstensitze angegriffen und nachhaltig zerstört haben. Über die Tätigkeit von Bellovesus ist mehr überliefert. So schreibt der Verfasser des Artikels in „Zedlers Universallexikon" über Bellovesus, dass dieser mit seinen Truppen die Phokäer in Massalia gegen die Salier unterstützt hat. Anschließend zog er mit seinen Truppen in die heutige Lombardei. Er soll die Städte Mailand, Brescia, Verona, Cremona, und Bononien gegründet haben und auch andere einwandernde Gallier mit seinen Soldaten gesichert haben, so dass sich diese ebenfalls in Italien niederlassen konnten. Vielleicht handelte es sich um Angehörige des Heerzugs seines Bruders Segovesus, denen es in Süddeutschland zu kalt war.

Das wäre eine mögliche Erklärung für die Tatsache, dass die Heuneburg alias „Pyrene" nicht mehr aufgebaut wurde und diese große, überall in der griechischen Welt bekannte Stadt, so vollkommen verschwand. Nicht einmal in der Überlieferung taucht sie auf - als hätte sie nie bestanden.

Die Außensiedlung

Westlich und nördlich der Akropolis, der Heuneburg, erstreckte sich die Außensiedlung, die Vorstadt..mit einer Fläche von bis zu 100 Hektar.

Zitat betreffend Außensiedlung: „Der Höhenrücken im Hinterland der Heuneburg war also über eine Nord-Süd-Ausdehnung von mehr als 2 Kilometer zusammenhängend besiedelt – das entspricht einer Fläche in der Größenordnung von 100 Hektar."

Am Fuß der Heuneburg waren etliche Handwerksbetriebe angesiedelt, aber der größte Teil der Fläche der Außensiedlung wurde von mit Gräben umfriedeten, bäuerlichen Gehöften eingenommen. Es gibt Anzeichen dafür, dass es sich dabei um mit Palisaden umgebene Vierecke handelte, mit einer Kantenlänge von 100 Metern. Außerdem war die Außensiedlung wahrscheinlich von einem Grabensystem umgeben.

In der Außensiedlung wurden zahlreiche Funde gemacht, die ein bezeichnendes Licht auf das tägliche Leben der Bewohner in der Siedlung, Handel und Wandel und auf die Beziehungen mit anderen Kulturen werfen. So wurden in der Außensiedlung Reste von 20 Bogenfibeln gefunden, von denen einige aus der Gegend südlich der Alpen stammen könnten. Auch Nadeln wurden in der Aufschüttung des Grabhügels 4, auf dem Gelände der zerstörten Außensiedlung gefunden. Sie werden mit der Aufschüttung in den Hügel hineingeraten sein. Die ältesten Nadeln gehören der Urnenfelderzeit an (etwa 1200-800 v. Chr.)

Nadeln mit großem Kopf stammen aus den Perioden IV und III,

600 bis 540 und einige Jahre darüber v. Chr. und die Nadeln mit kleinem Kopf aus der Periode III. der Zeit nach 540 v.Chr. Das bedeutet, die Nadeln mit dem großen Kopf stammen aus der Zeit der Griechen, waren aber auch nach 540 v. Chr., dem Zeitpunkt des Untergangs der Stadt mit der Lehmziegelmauer, noch in Gebrauch. In der neuen Zeit, dem keltisch geprägten Zeitraum fanden sich nur Nadeln mit dem kleinen Kopf.

Toilettenbestecke - Ohrlöffel, Nagelschneider und eine Pinzette an einer Kopfplatte - waren ein typischer Teil der keltischen Ausrüstung. Sie sind auf der Heuneburg seit Periode III nachweisbar. Toilettenbestecke treten nördlich der Alpen mit gesicherten Funden aus der Zeit HaD1, ab 650 v. Chr. auf, wenn sie auch auf der Heuneburg erst in Periode III (nach 540 v. Chr.) nachgewiesen werden konnten. So wurden in Ehingen Toilettenbestecke aus HaD1 gefunden. Auch wurden Teile von Anhängern / Amuletten in der Außensiedlung gefunden, ohne dass sie einer bestimmten Zeit zugeordnet werden konnten. Außerdem wurde das Fragment eines Spiegels aus Griechenland in Hügel 4 gefunden.

In der Außensiedlung fand man nur wenige Werkzeuge. Es handelte sich um einige Messer, ein Fragment einer Säge und zwei Meißel. Es fehlte also der größte Teil des Werkzeugs, das die verschiedenen Handwerker alltäglich gebrauchten, darunter Amboss, Zangen, Feilen, Punzen, Treibhämmer, Äxte, Beile, Keile, Sägen, Schnitzwerkzeug, Bohrer und Stemmeisen, um nur eine kleine Auswahl aufzuzählen. Das liegt zum einen wohl daran, dass die Ruinen nach dem großen Brand 540 v. Chr. penibel nach Brauchbarem durchsucht worden waren. Metalle, darunter Eisen waren teuer, und Werkzeuge aus Metall heiß begehrt. Zum Anderen liegt es aber auch daran, dass die Außensiedlung nach großen Brand von 540 v. Chr. wieder aufgebaut und kurz darauf verlassen wurde. Naheliegend, dass die Bewohner ihre Habe mitgenommen haben.

In der Außensiedlung wurden auch einige Waffen gefunden, darunter Lanzen- und Speerspitzen. Sie waren allerdings zum Teil so verrottet, dass sie nur schwierig einzuordnen waren. Namentlich die Unterscheidung zwischen Lanzen- und Speerspitzen und Bolzen von Pfeilgeschützen war mitunter unmöglich. So könnte die einzige gefundene Pfeilspitze durchaus Teil eines Bolzens gewesen sein. Manche der Bolzen hatten eine abgeflachte Spitze aus Eisenblechen, die gefaltet und mit Kupfer verlötet waren.

1984 wurden in der Heuneburg 16 solcher Spitzen und in den 90er Jahren in der Außensiedlung weitere 6 Spitzen gefunden, die in fast allen Einzelheiten denen auf der Heuneburg gefundenen Spitzen glichen. Die in der Außensiedlung gefundenen Bolzen stammen alle aus Periode IV, vor 540 v. Chr., und die auf der Heuneburg gefundene Bolzen aus den Perioden I-III, also aus der Zeit zwischen 540 und 470 v. Chr. Dabei handelt es sich vermutlich um Bolzen eines „Pfeilgeschützes". Dafür spricht auch, dass die Schäfte dieser Bolzen aus dem besonders schweren, harten Holz des Schneeballs oder der Heckenkirsche, gefertigt worden waren.

Auch in dem Grab 116 vom Dürnberg bei Hallein fand man eine kleine „geschossförmige" Spitze aus Eisen, ebenso in dem Latene-A-Grab von Hochscheid in dem man eine weitere, vorne flache, eiserne Spitze gefunden hat. Das bedeutet, es muss eine Art Katapultgeschütze gegeben haben, mit denen die Bolzen abgeschossen werden konnten. Bisher war man der Meinung, dass solche Maschinen, „Gastraphetes" (Bauchspanner) genannt, erst im 4.Jahrhundert v. Chr. in Griechenland aufkamen. Wie die Funde in der Heuneburg zeigen, waren sie bereits wesentlich früher im Gebrauch. Die früheste Beschreibung der Gastraphetes stammt von Phylon von Byzanz aus dem 3. Jhd. v. Chr.

Keramik in der Außensiedlung

In der Außensiedlung wurde ein Fragment einer roten Schale mit Henkelansatz im Gebiet Giessübel aufgelesen. Es handelt sich um ein Teil einer großgriechischen B2-Schale, vermutlich massaliotischen, möglicherweise campanischer Herkunft. Ansonsten wurden in der Außensiedlung wenige Scherben aus anderen Zeiten gefunden. Es handelt sich dabei um Scherben aus der mittleren Bronzezeit und aus der Urnenfelderzeit.

Gießereifunde in der Außensiedlung

Gießereifunde in der Außensiedlung wurden nur im Gebiet der vier Grabhügel der Gießübel / Talhau – Gruppe, etwa 500 Meter westlich der Heuneburg auf dem Gelände der Außensiedlung, gemacht. Auf einer Fläche von 120 m x 50 m unter, beziehungsweise in der Schüttung der Grabhügel eins, zwei und vier, wurden Gießereifunde und Reste der Metallbearbeitung ausgegraben. Außer in diesem Gebiet konnten in der Außensiedlung keine entsprechenden Überreste gefunden werden.

Das gefundene Gießereimaterial stammt überwiegend aus den Aufschüttungen der großen Grabhügel. Diese wurde auf dem Gelände der abgebrannten Siedlung errichtet. Beim Aufschütten der Hügel wurde auch Material aus der Umgebung verwendet. So kamen die Funde in die Schüttung der Grabhügel. Die Metallreste sind also weitaus älter als die Grabhügel und gehören selbst verschiedenen Siedlungsphasen an. Sie stammen aus der Zeit 620 bis 540 v. Chr.

Ein weiteres Indiz für mediterrane Einflüsse sind erstmals nördlich der Alpen verwendete größere Schmelztiegel. Etwa zur gleichen Zeit kamen in Griechenland ähnliche schalenförmige Tiegel mit Durchmessern bis zu 400 mm in Gebrauch. Möglicherweise wurden die Tiegel in einem Schacht oder Ofen zum Einsatz gebracht, wie Abbildungen auf griechischen Vasen nahe legen. Auf einem Tiegel ist der Abdruck einer Tiegelzange erhalten. Der Tiegel wurde offensichtlich, mit dem zu schmelzenden Metall gefüllt, in einen Ofen geschoben und später mit der Zange wieder herausgeholt. Die Spitze der Zange war mit grobem Leinen umwickelt, um das Kleben der Zange an dem heißen Tiegel zu verhindern, wie der Abdruck auf dem Tiegel deutlich zeigt. Die gleichzeitige Verwendung der größeren Tiegel in Griechenland und Heuneburg deutet auf ständige Verbindungen zwischen Griechenland und Heuneburg. Möglicherweise waren auf der Heuneburg griechische Handwerker tätig.

An Holz wurde in den Grabhügeln 1 bis 4 nichts von Bedeutung, nichts Datierbares gefunden. Allerdings konnte bei der Untersuchung der spärlichen Holzreste festgestellt werden, dass für die Herstellung der Pfeilschäfte Langtriebe des Schneeballs verwendet wurden. Auch die vier Pfeilschäfte aus dem Fürstengrab von Hochdorf wurden aus dem Holz des Schneeballs hergestellt.

Über die Ernährung der Bewohner der Heuneburg.

Wie die Wissenschaft feststellte, standen auf dem Speisezettel der Bewohner die wichtigsten Brotgetreide: Spelzweizen, Dinkel und Emmer. Am häufigsten wurde aber die Gerste festgestellt. Die Gerste wurde wahrscheinlich als Brei genossen, beziehungsweise zur Herstellung von Bier verwendet.

Fleisch und Milchprodukte lieferten Haustiere. In den Hügelschüttungen der Grabhügel im Gewann Gießhügel in der Außensiedlung und in den darunter liegenden Siedlungsschichten wurden zahlreiche Tierknochen gefunden. Dabei handelt es sich um Speiseabfälle. Der größte Teil dieser Knochen stammt von Haustieren.

Unter den Knochen befand sich auch ein Knochen eines Haushuhns, (Humerusdistalteil = Oberarmknochen). Dieser Knochen belegt, dass um das Jahr 540 v. Chr. Hühner auf der Heuneburg gehalten wurden und nicht wie bisher geglaubt, viel später aus den Süden eingeführt wurden. So fand man in dem römischen Lager bei Dangstetten einen Hühnerknochen, möglicherweise aus der Zeit der Eroberung Süddeutschlands durch die römischen Truppen unter Drusus. (etwa 15 v.Chr.)

Die Masse der Knochen stammt aber von Rind und Hausschwein. Von den anderen Haustieren, Schaf, Ziege und Pferd sind nur wenige

Knochen vorhanden. Auch von Wild sind nur geringe Reste gefunden worden. So stammen 4 Knochen von Rothirsch, Reh, Wildschwein und Hasen. Da die Knochen in einem relativ kleinen Gebiet, bezogen auf die gesamte Siedlung, gefunden wurden, lassen sich schlecht Rückschlüsse auf das Vorkommen der Haus- und Wildtiere in der gesamten Siedlung ziehen. All diese Knochen wurden unter den Grabhügeln, beziehungsweise in deren Schüttungen gefunden. Eigentlich zeigen die Funde nur, dass die verschiedenen Tiere vorhanden waren.

1108 Knochen beziehungsweise Fragmente stammen von Speiseabfällen. In Hügel 2 wurden, bis auf einen, alle Pferdeknochen - 14 Stück von 5 verschiedenen Pferden, darunter ein Stutenfohlen, gefunden. Die Pferde in der Heuneburg scheinen etwas größer gewesen zu sein, als die in den Oppida von Manching und Altenburg-Rheinau, Siedlungen der Latène-Zeit.

An Rindern stellte man anhand der Knochenfunde 24 Rinder aller Altersklassen fest. Es handelte sich um Bullen/Ochsen, Kühe, Jungrinder und Kälber. Dabei überwogen die Kühe gegenüber den männlichen Tieren. Insgesamt wurden 466 Knochenreste den Rindern zugerechnet. Die Bewohner der Heuneburg hielten auch Schafe und Ziegen. So wurden in und unter der Hügelgruppe 54 Knochen gefunden, die von sechs Schafen, drei Ziegen und sieben anderen Tieren stammten.

Schweine spielten auf dem Speiseplan der Bewohner der Heuneburg eine große Rolle. Dabei fällt auf, dass unter den Knochenfunden nur 4 Schweine als Ferkel geschlachtet wurden. Die meisten Tiere wurden nicht vor Erreichen ihrer Endgröße verspeist. Möglicherweise ließ man die Sauen leben, bis sie zum ersten Mal geferkelt hatten. Knochen von Hunden wurden von zwei auf natürliche Weise eingegangenen Exemplaren gefunden – einem erwachsener Hund von der Größe eines Dalmatiners und einem Welpen. Außerdem wurden bei einer früheren Grabung (1966-1979) einige wenige Hundeknochen mit Zerlegungsspuren gefunden. An sich gehörten Hunde auf den keltischen Speisezettel. Zum Beispiel waren in Hochdorf Hunde die Hauptfleischlieferanten. Auch in Hochstetten scheint Hundefleisch beliebt gewesen zu sein.

Wie die irischen Sagen berichten, war es den Kelten aber nicht generell erlaubt, Hundefleisch zu essen. So ereilte den Helden Chuchulainn ein schreckliches Schicksal, weil er ihm untergeschobenes Hundefleisch gegessen hatte. Hundefleisch war für ihn tabu.

Ein Heiligtum im Bereich der Heuneburg

Auf einem vorspringenden Bergsporn bei Langenenslingen liegt die „Alte Burg", ein altes keltisches Heiligtum. Die „Alte Burg" wurde von den Erbauern der 4 Grabhügel in der Nekropole Gießübel-Talhau bei dem Bau mit einbezogen. Die Grabhügel wurden so im Gelände platziert, „dass eine Sichtachse vom Tor der Heuneburg zur etwa 10 Kilometer entfernten „Alten Burg" bei Langenenslingen die Nekropole gleichsam in der Mitte teilt; das heißt, die Grabhügel wurden so erbaut, dass die „Alte Burg" zwischen den Grabhügeln und mittig im Hintergrund zu sehen war. Diese Ausrichtung und die Sichtachsenbeziehungen sind nicht zufällig. Vielmehr zeigt sich hier eine Art landschaftsarchitektonische Gestaltung des Umfelds der Heuneburg während der 2. Hälfte des 6. Jahrhunderts vor Christus."

Das bedeutet, das Heiligtum hatte noch in der Latene-Zeit, aber auch für die Sieger bei der Schlacht um die Festung mit der Lehmziegelmauer 540/530 v. Chr. eine große Bedeutung. Es waren die siegreichen Kelten, die Festung und Außensiedlung wieder erbauten, einige Zeit später die Außensiedlung aufgaben und die Grabhügel der Nekropole Gießübel-Talhau exakt auf der Sichtachse, nördliches Tor – „Alte Burg" errichteten. Damit ist einerseits ein weiterer Hinweis auf den Umstand gefunden, dass die Eroberer der Heuneburg aus der Umgebung stammten, andererseits kann man auch davon ausgehen, dass zu einer so einflussreichen, in der ganzen griechischen Welt bekannten „Stadt" mit Namen Pyrene, auch ein großes, in der keltischen Welt bekanntes, Heiligtum gehörte.

Vielleicht handelte es sich bei der „Alten Burg" nicht nur um ein religiöses Zentrum, sondern auch um eine dieser sagenhaften Schulen, in denen stammesübergreifend die Kinder der keltischen Eliten ausgebildet wurden. Dafür könnte auch die Tatsache sprechen, dass auf der „Alten Burg" ein keltischer Opferschacht und Reste einer Siedlung gefunden wurden, denn die keltischen Heiligtümer durften in der Regel, wenn überhaupt, nur von Priestern betreten werden. Bei den heiligen Plätzen und Hainen handelte sich um „heiligen Grund", der den Göttern vorbehalten war. Das bedeutet, die Siedlung auf dem heiligen Platz weist auf einen zusätzlichen Aspekt der Anlage hin.

Zu der Lokalität „Alte Burg" bei Langenenslingen schreibt der Autor Markus Dürr (Zitat): „Auf dem 360 m langen Sporn liegt eine früheisenzeitliche Siedlung, die nach Norden hin durch drei Wälle und einen Graben vom rückwärtigen Gebiet abgeriegelt ist. Im Zentrum der Siedlung befand sich eine als „Grabhügel" bezeichnete Kalksteinaufschüttung. Diese Situation, ein Grabhügel innerhalb einer Siedlung, bot Anlass für die erste Untersuchung im Jahr 1894 und eine Nachuntersuchung in den Jahren 2006 und 2007. Dabei zeigte sich, dass sich unter dem Hügel ein 0,5 bis 1 m hoher Kalksteinblock verbarg, durch den ein etwa 5 m tiefer, senkrechter Schacht verlief. In diesem Schacht fanden sich neben Keramik, Holzkohle und Tierknochen auch eine größere Anzahl menschlicher Knochen von mindestens 6 Individuen." ... „dass die Knochen... erst in das 4. Jahrhundert v.Chr. datierten, zeigte eine Radiokarbondatierung." „...allerdings zeigt das keltische Heiligtum im nordfranzösischen Gournay-sur-Aronde große Ähnlichkeiten. Hier wurden ab dem 4. Jahrhundert v.Chr. in Kultschächten neben Tieren und Waffen auch Menschen geopfert, wie man es für die spätkeltische Zeit an über 50 Fundstellen in Frankreich und einigen süddeutschen Oppida nachweisen kann."

Die Beziehungen der griechischen Herren auf der „Akropolis" mit der keltischen Elite müssen sehr intensiv gewesen sein, denn wie Caesar berichtet, beherrschen die Helvetier die griechische Sprache und Schrift.

„Im Lager der Helvetier fanden sich griechisch geschriebene Verzeichnisse, die man dem Caesar brachte. Dieselben enthielten eine Berechnung der ganzen waffenfähigen Mannschaft, die ausgewandert war, und auch besondere Angaben der Kinder, Greise und Weiber... Im Ganzen waren es dreihundertachtundsechzigtausend Köpfe..."

Das bedeutet, dass nicht nur die Druiden die Schrift beherrschten, sondern auch zahlreiche Stammesangehörige der Schrift mächtig waren. Ansonsten war es bei den keltischen Stämmen generell den Druiden, den Priestern und Gelehrten, vorbehalten, die griechische Schrift, wenn überhaupt, nur für Staats- und Privatgeschäfte zu benutzen. Religiöse und genealogische Texte durften nicht schriftlich fixiert werden. Auch den Schülern war es in den Schulen grundsätzlich untersagt, eine Schrift zu benutzen. Sie mussten alles auswendig lernen.

So schreibt Caesar in seinem Buch „Der Gallische Krieg" (6, 14, 3): „Hier sollen sie (die Schüler) dann eine große Menge Verse auswendig lernen, weshalb einige wohl zwanzig Jahre in dieser Schule bleiben. Sie (die Druiden) halten es für unerlaubt diese schriftlich abzufassen, obschon sie sich in Privat- und Staatsgeschäften der griechischen Schrift bedienen."

Kapitel 3
Der Heuneburg und dem Hohenasperg
zuzurechnende Grabhügel

Allgemeines zu den Grabhügeln:
Während der Hallstattzeit wurden auch viele normale Sterbliche unter Grabhügeln begraben. Hügel mit 10-20 Meter Durchmesser und einigen Metern Höhe waren üblich. Verstorbene der Oberschicht wurden wesentlich aufwändiger in vergleichsweise riesigen Grabhügeln beigesetzt. So war es bei den Kelten üblich, eine hochgestellte Persönlichkeit in einem reich ausgestatteten Holzkammergrab zu bestatten. Dabei konnte es sich auch durchaus um eine Dame handeln, wie das Grab einer Fürstin in der „Bettelbühl-Nekropole" bei Herbertingen zeigt.

Über dem Grab schüttete man einen gewaltigen Hügel aus Erde auf. Dem Grabherren nahestehende Personen, seien es Vasallen des hohen Herrn oder dessen Familie, wurden in der Regel in kreisförmig um das Zentralgrab angeordneten Nachbestattungen beigesetzt. Vielleicht beruhte diese Sitte auf dem Glauben, dass die Verpflichtung des Oberhauptes, für seine Gefolgschaft zu sorgen, auch im Jenseits Gültigkeit hatte und es deshalb für seine Anhänger sinnvoll war, auch im Tod die Nähe des Anführers zu suchen.

Unberührte Grabhügel wurden in Schwaben sehr selten angetroffen. Das hat zwei Ursachen. Zum einen wurden in den meisten Fällen in der Antike die Grabhügel schon kurz nach der Errichtung angegraben und die hölzerne Grabkammer des Grabherren ausgeraubt, die Nachbestattungen aber verschont. So wurden im größten Grabhügel Mitteleuropas, dem „Magdalenenberg" bei Villingen, die zentrale Grabkammer ausweislich der verwendeten Eichenstämme im Jahre 616 v. Chr. errichtet. Bei einer gründlichen Untersuchung wurden besonders viele Nachbestattungen angetroffen, 126 Gräber mit 139 Verstorbenen. Das deutet darauf hin, dass es sich in der Regel bei den Grabräubern um Auswärtige handelte, denen die Lage der Nachbestattungen nicht bekannt war. Zum anderen war es im 19. Jahrhundert eine Art Volkssport, die alten Grabhügel auszugraben.

Manche Beigaben sind vielen Fürstengräbern gemeinsam. Es sind der vierrädrige Wagen, kostbare Möbelstücke, große Mischgefäße, Trink- und Speiseservices und Ähnliches.

Auffallend ist auch die geringe Anzahl an Waffen, die man Toten zur Zeit der Lehmziegelmauer auf der Heuneburg, auf ihrer letzten Reise mitgegeben hat. In der Regel bekam der Grabherr einen Dolch, häufig einen „Antennendolch" als Statussymbol, seltener Pfeil und

Bogen oder eine Lanze mit ins Grab. Die Zeit der Fürstengräber während der Lehmziegelmauer scheint eine relativ friedliche Zeit gewesen zu sein. Die Grabhügel sind oft mit dem Zusatz „Bühel"- dem oberdeutschen Wort für Hügel, oder mit den Wort „Lehen" beziehungsweise mit der Silbe „-leh" gekennzeichnet.
Der größte Grabhügel im Bereich der Heuneburg, der „Hohmichele" hatte einen Durchmesser von etwa 80 Meter bei einer Höhe von 13,5 Meter.

1. Hohmichele-Gruppe,
Altheim- Heiligkreuztal

Der Grabhügel Hohmichele gehört zu der Speckhau-Hohmichele-Gruppe, einer Gruppe von 36 Grabhügeln. Mit einem Durchmesser von 85 m und einer Höhe von 13,5 m ist er einer der größten Grabhügel in ganz Europa. Bei der zentralen Grabkammer (Grab 1) handelte es sich um eine Holzbohlenkammer, 5,7 m x 3,5 m und 1 m hoch. Sie war offensichtlich kurz nach der Bestattung ausgeraubt worden. Vermutlich waren eine Frau und ein Mann bestattet worden. An Hand der Reste konnte ein Wagen nachgewiesen werden. Außerdem fanden sich Reste eines Pferdegeschirrs, 600 Kugeln aus Glas einer wertvollen Kette und feinste Goldfäden eines golddurchwirkten Brokatstoffs. Der Boden der Grabkammer war mit Rinderfell ausgelegt.

Der Teil des Hügels, der untersucht wurde, enthielt noch einige weitere Nachbestattungen. Das bestens ausgestattete und unberührte Holzkammergrab (Grab VI) lag etwa 12 m südöstlich des Hauptgrabes, 2,20 m über der alten Oberfläche. In der Grabkammer, 2,4 m x 3 m, Höhe 1 m, lag mit dem Kopf nach Südost ein Mann. Von seiner Kleidung fanden sich 1 großer Eisenring, zwei Fibeln und ein Gürtelblech aus Bronze. Außerdem konnte man auf Grund der Reste feststellen, dass der Verstorbene mit einer farbig gestreiften Hose und mit einer Kittelbluse bekleidet war. Oberhalb des Kopfes lag ein Köcher mit 51 Pfeilen mit eisernen Spitzen. Natürlich waren von den Pfeilen nur die Spitzen vorhanden. Rechts lag ein Hiebmesser aus Eisen. Zu seinen Füßen fand man einen geflochtenen Korb. Rechts neben dem Verstorbenen stand ein Wagen mit 4 Rädern und bronzenen Teilen des Pferdegeschirrs für zwei Pferde.

Unter dem Wagen lag eine Frau mit reichem Kettenschmuck aus Glas und Bernsteinperlen. Neben ihrem Kopf stand eine Schale aus Bronze und zu ihren Füßen ein großer Kessel, in dem ein kleineres Gefäß lag, beides aus Bronze. Die beiden Verstorbenen, deren Skelette nahezu vergangen waren, lagen auf einer Decke aus Rinderfell. Unter den Beigaben fanden sich keine Waffen. Das Grab wurde im 1.Viertel des 6.Jahrhunderts v.Chr. (600-575 v. Chr.). und damit zu der Zeit der Lehmziegelmauer, angelegt.

Man kann davon ausgehen, dass es sich bei dem Bestatteten nicht gerade um den amtierenden Fürsten der Heuneburg handelte, aber doch um eine höher gestellte Person. Möglicherweise handelte es sich um einen Vasallen des im Zentralgrab bestatteten Fürsten, der längere Zeit nach dem Ableben des Grabherrn starb. Die Grabbeigaben Pfeil und Bogen sind eher als Jagdwaffen anzusehen. Das Fehlen von Kriegswaffen im Grab deutet auf friedliche Zeiten.

Die Plünderung des Zentralgrabs kurz nach der Errichtung wiederum spricht für kriegerische Umtriebe und möglicherweise für einen Zusammenhang mit dem Untergang der „griechisch" geprägten Heuneburg mit der Lehmziegelmauer.

Auch das etwa 1 m über dem Grab befindliche Brandgrab (Grab IX) zeigt eine Änderung der Begräbnissitten. Es handelte sich um eine Frau mit einem Alter von 18-30 Jahren. Als Beigaben hatte man ihr zwei Armbänder aus Bronze und mehr als 20 ritz- und stempelverzierte Tongefäße mit Rotbemalung und Graphitierung für ihre Reise in die „andere Welt" mitgegeben. Sie war offensichtlich an Ort und Stelle verbrannt worden, denn eine vorher aufgebrachte Lehmschicht war durch die Hitze des Feuer verziegelt worden.

Unter zahlreichen schon im 19.Jhd. geplünderten Grabhügeln der Hohmichele-Nekropole fand sich einer, der noch zahlreiche unberührte Gräber enthielt. Allerdings war auch hier die Zentralkammer kurz nach der Errichtung geplündert worden.

Unter den unberührten Nachbestattungen fanden sich Körper- als auch Brandgräber. Die Beigaben zu diesen Gräbern fielen nicht durch besonderen Reichtum auf, mit Ausnahme eines Wagengrab mit dem Skelett eines Mannes und unter dem Wagen dem Skelet einer Frau. Dieses Grab hatte eine prächtige Ausstattung erhalten.

Auf den Oberflächen der verschiedenen Aufschüttungsphasen fand man 22 Feuerstellen, die man heute mit dem Totenkult in Verbindung bringt

1999 / 2002 wurden die Hügel 17 und 18 der Nekropole ausgegraben.

Hügel 17 barg 5 Bestattungen aus verschiedenen Zeitabschnitten.

Der Verstorbene in Grab 1 hatte einen Bronzekessel, ein Kurzschwert und zwei Speere mit langen Klingen auf seine letzte Reise mitbekommen. Eisenfragmente in der Hüftgegend stammen von einem eisernen Gürtelhaken beziehungsweise vom Schwertgehänge. Beigaben belegen weite Verbindungen, möglicherweise bis zur Iberischen Halbinsel. Vom Helm war nur die Helmklammer erhalten.

Bei *Grab 2* handelte es sich um ein in der Antike gestörtes Grab

In *Grab 3* hatte man den Verstorbenen in einem schmalen Holzsarg bestattet. Als Beigaben erhielt er zwei Speere, einen Dolch in einer Scheide mit Eisen- und Bronzeverzierungen, einen Keramikbecher, zwei Spitzpaukenfibeln und eine kleine Sanguisugafibel. An einem Armreif aus Bronze fanden sich Reste von ungefärbter Wolle.

In der antik ausgeraubten Zentralkammer mit den Maßen 5 x 5 m, eine der größten Grabkammern in Baden Württemberg der Hallstatt-Zeit, hatte man ursprünglich zwei Verstorbene beigesetzt. Es handelte sich um das Körpergrab einer Frau (Grab 4) und das Brandgrab eines Mannes (Grab 5). Die Gräber sollen in der späten Hallstattzeit bis in der frühen Latene-Zeit angelegt worden sein. (etwa 500 – 450 v.Chr.)

Der Grabhügel 18 war deutlich älter. Er war wahrscheinlich gegen 650 v. Chr. aufgeschüttet worden. In dem Hügel fanden sich 18 Bestattungen, kreisförmig um das Zentralgrab angeordnet. Das Zentralgrab, ein Brandgrab, Grab 1, das älteste Grab, war antik ausgeraubt worden. Im Raubschacht wurden noch 7 Keramikgefäße gefunden. In den 19 Nachbestattungen fanden sich in den Gräbern der Männer keine Kriegswaffen. Generell waren die Gräber eher ärmlich ausgestattet.

Hügel 18 war in der Hallstattzeit bis zur Frühen Latene-Zeit in Gebrauch (etwa 650-450 v. Chr.) und damit der älteste Grabhügel im Bereich der Heuneburg. Verbindungen mit dem Magdalenenberg wurden in der Frauentracht deutlich, während das Grab 1 (Mann) in Hügel 17 Anhaltspunkte für Verbindungen zur Iberischen Halbinsel lieferte.

2. Grabhügelgruppe im Wald „Satzet"

Im Wald Satzet liegen 22 Hügelgräber. In den Jahren 2004/2005 wurde Hügel 14 genauer untersucht. Das Zentralgrab mit einer hölzernen Grabkammer war schon antik gestört worden. Es wurde das für die ältere Hallstattzeit typische Keramik-Service gefunden. Außerdem wurden 15 Nachbestattungen festgestellt. Es wurden reichlich Schmuck, aber keine größeren Waffen gefunden. Einem verstorbenen Mann hatte man einen Dolch mitgegeben. Ob die Verstorbenen zu den Bewohnern der Außensiedlung gehörten, oder zu anderen Bevölkerungsgruppen in der Umgebung, lässt sich nicht sagen.

3. Der Rauhe Lehen bei Ertingen

1934 wurde in dem Grabhügel in einem Nebengrab ein Frauengrab entdeckt. Es handelte sich um eine hölzerne Grabkammer,. Gefunden wurden: Reste eines Bronzekessels. In diesem fanden sich eine Kanne aus Bronze, Reste einer Schale aus Bronze, ein Armband aus Lignit und Schmuck aus Bernstein, Bronze, und Glasperlen. Die Bestattung wurde auf (600 –550 v. Chr.) veranschlagt.

4. Die Bettelbühl-Nekropole, Herbertingen

Über die Bettelbühl-Nekropole gibt es Notizen aus dem 19.Jhd. und davor, die von Funden aus Grabhügel „Bettelbühl" berichten. Über die Art und der Verbleib der Funde ist nichts bekannt.

In der Bettelbühl-Nekropole bei Herbertingen (7 frühkeltische Hügel) wurde ein besonders reich ausgestattetes Grab eines drei jährigen Mädchens in einem Nebengrab gefunden. Das dazu gehörende Zentralgrab, ein nicht beraubtes Frauengrab fand man 2010. Die Ähnlichkeit der Ausstattung und der Beigaben deuten auf eine enge Beziehung zwischen dem Kind und der Dame hin. Vielleicht handelt es sich bei dem Kind um die Tochter der Fürstin.

Die „Fürstin" von der Heuneburg wurde in der Zeit 583-573 v. Chr. mit großem Aufwand bestattet, denn, wie man feststellen konnte, wurden die Stämme der hölzernen Grabkammer 583 v.Chr. geschlagen.

Die Grabkammer hat eine Grundfläche von etwa 16 m² und besteht aus Eichenhölzern. Zu ihrer Grabausstattung gehörten zahlreiche Schmuckgegenstände aus Gold und Bronze, darunter 42 Goldkugeln, Fibeln, Ohrringe und Ringe aus Gold und Bronze und etwa 100 Teile aus Bernstein. Das Muster eines kugelförmigen, goldenen Anhängers in dem Grab der Fürstin entsprach dem Muster auf zwei goldenen Ohrringen aus dem 2005 geborgenen Kindergrab, wenige Meter neben dem Grab der Fürstin. Dieses Muster war bei den Etruskern im nördlichen Mittelitalien sehr beliebt. Der Goldschmuck mit dem etruskischen Motiv könnte ein Hinweis auf einen in der Heuneburg tätigen Goldschmied aus Etrurien sein. Ist er mit den Griechen eingewandert oder erst später, auf Grund der guten Handelsbeziehungen? Außerdem bekam sie Pelze, wertvolle Textilien, Objekte aus Holz und Bronze mit auf ihre letzte Reise. Selbstverständlich war die Verstorbene nach der neuesten Mode, die gerade erst in Italien und der Levante aufkam, gekleidet.

Die Grabbeigaben waren mit Matten aus pflanzlichem Material abgedeckt oder eingewickelt worden, und nach Ansicht des Grabungsleiters wurde das Grab nie beraubt. Auch war das Grab der Fürstin nach Ansicht der Wissenschaftler einige Jahrzehnte älter als das Fürstengrab von Hochdorf. Es handelt sich um das älteste Prunkgrab einer keltischen Fürstin, das je in Südwest-Deutschland gefunden wurde.

In einer Ecke der Grabkammer fand sich ein zweites Skelett, das aber nur spärlich ausgestattet war, möglicherweise eine Magd, die ihre Herrin ins Grab begleiten musste, um ihr in der „anderen Welt" zu dienen.

5- Der Lehensbühl, Herbertingen – Hundersingen
1897 wurde der Hügel untersucht. Es wurde eine Grabkammer aus hölzernen Dielen mit einem stark gestörten Skelett, eine Schlangenfibel und Bruchstücke eines eisernen Messers gefunden. Möglicherweise wurde die Grabkammer schon in vorgeschichtlicher Zeit ausgeraubt. Das Grab stammt aus der Mitte 6.Jhd. (600 – 550) v.Chr.

6. Baumburg in Herbertingen-Hundersingen
Bei der Baumburg handelt es sich wahrscheinlich um einen Grabhügel der Heuneburg, der im Mittelalter zu einer Burg umgewandelt wurde.

7. Grabhügelgruppe im „Gießübel-Talhau"
Die Bestatteten gehörten sicher zur führenden Schicht der Heuneburg, da ihre Gräber auf dem Gelände der verlassenen Außensiedlung angelegt wurden. Etwa 400 Meter nördlich der Heuneburg liegen die Grabhügel von Gießübel-Talhau. Im 19. Jhd. wurden sie schon einmal untersucht. Es handelt sich um vier Grabhügel.

Hügel 1
Den Hügelfuß umgab ein in einem Kreis angelegter Graben, Tiefe 0,80 m, Durchmesser 50 Meter. In der zentralen Grabkammer (3,60 x 4,30 Meter) lagen drei Skelette, in Richtung Südwest (Kopf) – Nordost. Als Beigaben fanden sich 1 bronzene und 3 eiserne Lanzenspitzen, 3 Bronzeringe, mehrere Bernsteinblättchen und kleine mit Goldblech überzogene Bronzezwecken.

Es wurden 6 Nachbestattungen entdeckt:

Grab 1, (Mann) enthielt unter anderem einen Wagen, Pferdegeschirr aus Bronze, und ein Bronzebecken. Der Verstorbene trug einen goldenen Halsreif und eine durchbrochen gearbeitete Gürtelschnalle. Als Waffen fand man einen Dolch in einer Scheide aus Bronze, 3 eiserne Lanzenspitzen, 1 eisernes Beil.

Grab 2, (Mann) enthielt einen goldenen Halsreif, ein goldenes Armband, ein Gürtelblech sowie 1 Fibel, einen Dolch in einer Scheide und einen Kessel aus Bronze.

Grab 3, (Mann), hier waren die Beigaben offensichtlich unvollständig. Es fanden sich ein goldener Halsreif, ein Kessel und Fibeln aus Bronze.

Grab 4, (Frau) Die Verstorbene trug einen Halsring aus Bronze, ein goldenes Armband, einen Gürtel mit Verschluss aus Bronzeblech, 5 Fibeln, zahlreiche Haarnadeln mit zum Teil mit verzierten Köpfen aus Bernstein und ein kleines Ringchen aus Bronze.

Grab 5 (Mann) Auch hier fehlten einige Beigaben. In dem Grab fanden sich ein goldener Halsreif, ein Gürtelblech aus Bronze und eine eiserne Lanzenspitze.

Grab 6 (Frau) Auf der Brust trug die Dame mehrere Bronzefibeln und eine Eisenfibel, an den Unterarmen je einen mit Silberblech verkleideten Bronzering und um die Lenden ein aus Bronzestangen mit Ringenden zusammengesetzter Gürtel sowie eine Kette aus kleinen Ringchen aus Bronze. An den Füßen fand sich je ein hohler Ring aus Bronzeblech.

Die Baureste unter Hügel 1 sind sehr lückenhaft erhalten. Der Periodencharakter ist dennoch unzweifelhaft vorhanden, wenn auch die Einzelheiten der Bebauung kaum auszumachen sind. Den Perioden 2 werden mehrere Pfostenüberschneidungen zugerechnet, aber genauere Gebäudegrundrisse waren dadurch nicht ableitbar. Anzeichen für jüngere Bauten wurden unter Hügel 1 nicht festgestellt.

Hügel 2

Den Hügelfuß umgab ein Kranz aus locker geschichteten Kalksteinen (Durchm. 51 m). In der zentralen Grabkammer wurden 2 Skelette und „Reste von Eisenwaffen" angetroffen. Außerdem fand man in der Hügelschüttung mindestens eine Nachbestattung mit 4 Tellern und 1 Becken aus Bronze.

In dem Siedlungsgebiet im nördlichen Bereich des Hügels 2 wurde zur Aufschüttung von Hügel 1 viel Material abgegraben. Unter Hügel 2 gibt es weniger Funde, weil der Untergrund, auf dem Hügel 2 errichtet wurde, vergleichsweise eben war. und somit nicht so viel Aufwand erforderte, einen ebenen Baugrund zu erhalten. Im Gegensatz zu Hügel 1 und 4 wo erheblich mehr Aufwand getrieben werden musste.

Unter Hügel 2. konnte ein Haus (6 x 10m, Rahmenwerkhaus) rekonstruiert werden. Ein jüngeres Firstsäulenhaus, 5,8 x 8,8m wurde im südöstlichen Teil des Hügels gefunden Ein möglicher Speicherbau 3,8 x 4,3m befand sich im südlichen Teil des Hügels. Im nördlichen Bereich fanden sich Hinweise auf ein weiteres Gebäude. Die Bauten sind in der Abfolge unterschiedlich ausgerichtet. Auch die bei Hügel 4 beobachtete Standorttreue der Gebäude ist in Hügel 2 nicht gegeben.

Hügel 3

Im Zentralgrab (1,5 m x 2.6 m), wurden 1 Skelett, mit eisernem Dolch, 1 Lanzenspitze und angeblich 1 Fibel und 1 Fingerring angetroffen. Außerdem wurden bei der Untersuchung des Hügels noch einige Nachbestattungen mit 1 Bronzekessel, 1 gerippten Bronzeeimer, 1 Lanzenspitze und Bronzeschmuck gefunden Der Hügel war von Eduard Paulus d. Ä. (1803 -1878) untersucht worden.

Hügel 4

Den Hügelfuß umgab ein Graben (Durchmesser 47 m, Breite 1,5 - 2m, Tiefe 0,8 m. Man fand eine zentrale Grabkammer, die noch Reste eines Wagens, Pferdegeschirr und des Schmuck enthielt. Die Wände waren mit Textilien bedeckt. In der Hügelschüttung fanden sich 23 Nachbestattungen mit ärmlichen, schlichten Beigaben. Besser waren die Gräber 3, 14 und 23 ausgestattet.

Unter dem Hügel 4 konnten mehrere Siedlungsschichten festgestellt werden. Darunter war ein großes, teilweise von einer Palisade umgebenes, durch Feuer vernichtetes Haus. Dem verbrannten Haus folgten nämlich noch zwei Siedlungsschichten, denn auf der Fläche erbaute kleinere Häuser wurden noch einmal abgerissen und neu erbaut. Wahrscheinlich waren die Pfosten verrottet.

Kurz bevor der Grabherr beigesetzt wurde, hatte man die Außensiedlung aufgegeben, wie Botaniker feststellen konnten. (siehe Seite 46)

Kurze Zeit nach der Bestattung wurde das Grab auch schon wieder ausgeplündert. Es muss unter den Augen der Burgbewohner stattgefunden haben, möglicherweise während einer Belagerung der Burg oder nach deren Einnahme. Die Grabräuber gruben von oben einen Schacht zum Zentralgrab und plünderten die Grabkammer. Die übrigen Gräber enthielten meist Arm- und Halsringe aus Bronze, Bronzefibeln und mitunter ein Gürtel aus Bronzestangen.

Dem Hohenasperg zuzurechnende Grabhügel

Der Hohenasperg, ein weiterer keltischer Fürstensitz, war nach neuesten Keramikfunden (2012) vom 6. bis zum 4. Jahrhundert v. Chr. besiedelt und erreichte ab etwa 550 v. Chr., nach dem Untergang der griechisch geprägten Stadt mit der Mauer aus Lehmziegeln, Pyrene (Heuneburg), eine größere Bedeutung. Die Festung bestand etwa zur gleichen Zeit wie die Heuneburg, könnte aber einige Jahre nach der Heuneburg entstanden sein. Dafür spricht, dass die dem Hohenasperg zuzurechnenden Grabhügel etwas jünger sind, als die der Heuneburg. Allerdings ist zu bedenken, dass die Altersangaben, außer der Datierung nach Jahresringen des verwendeten Holzes oder nach griechischer Keramik mitunter etwas unsicher sind.

1. Grafenbühl,

Grabhügel liegt im östlichen Teil der Stadt Asperg. Er ist das am nahesten am Hohenasperg gelegene Grab. Es wurde antik ausgeraubt und zahlreiche Reste zeigen die ursprünglich außergewöhnliche Ausstattung. Es handelte sich unter anderem um ein Bruchstück eines

Henkels eines Bronzekessels, ein Trinkhorn und Teile eines aus dem Peloponnes stammenden Kesselgestells, 2 aus Bronze gegossene Löwenfüße und zwei Sphingen aus Bein mit Gesichtern aus Bernstein. In dem Grabhügel fand man 33 Nachbestattungen.

Das Grab wurde um 500 v.Chr. angelegt.

2. Kleinaspergle

Es handelt sich um vier Grabhügel zwischen Asperg und Möglingen. Bei einer Untersuchung erbrachte ein Hügel, östlich des Kleinaspergle, interessante Funde. Allerdings war das Zentralgrab schon in der Antike ausgeraubt worden. Dennoch wurde bei der Untersuchung 1879 ein unberührtes, gut ausgestattetes Nebengrab, ein Brandgrab, gefunden. Dabei handelte es sich vermutlich um die letzte Ruhestätte einer Fürstin. Das Grab war ausgestattet mit Schmuck, einem Trinkservice, unter anderem bestehend aus einem großen Kessel aus Bronze, Schnabelkanne aus Bronze mit Verzierungen im Maskenstil der frühen Latene-Zeit, Resten von Trinkhörnern, einem etruskischen Stamnos, einem Eimer aus Bronze und zwei aus Athen importierten Schalen. Eine der beiden Schalen, eine rotfigurige, attische Schale wurde um 450 v.Chr. hergestellt.

Die Fürstin wurde ab 450/440 v.Chr., bestattet und damit in der Periode Latene A (450-380 v.Chr). Dieses Grab ist das jüngste Grab im Bereich des Hohenaspergs und ganz Südwest-Deutschlands.

3. Römerhügel oder Belle Remise bei Ludwigsburg,

Bei Bauarbeiten stieß man am Südwestrand der Stadt Asperg 1877 auf ein Nebengrab. Das Skelett lag mit dem Kopf nach Süden auf der westlichen Seite des Grabes. Der Verstorbene war mit goldenem Halsreif, und einem Dolch ausgerüstet. Zu seinen Füßen standen vier Gefäße aus Bronze – eine Rippenziste, 1 großer Kessel, 1 Becken, 1 Teller mit geperltem Rand. Auf der Ostseite der Grabkammer fanden sich die Reste eines vierrädrigen Wagens, der teilweise mit Bronzeblech beschlagen war und Teile eines Pferdezaumzeugs – eine eiserne Trense und viele runde Scheiben aus Bronze.

Das Hauptgrab wurde nur angeschnitten. Gefunden wurden eine Dolchgriff, ein Goldblechstreifen, Plättchen aus Bernstein. Das Grab wurde gleichzeitig mit dem Grab in Hochdorf angelegt, etwa 540 v.Chr.

1926 untersuchte man die Grabstelle erneut. Man fand 15 Nachbestattungen, alles Körpergräber, teils ohne Beigaben, teils mit dem üblichen Bronzeschmuck der späten Hallstattzeit. Eine auf der Drehscheibe hergestellte Flasche aus Ton könnte aus der frühen Latene-Zeit stammen.

4. Hochdorf (Eberdingen-Hochdorf), keltisches Prunkgrab
1978/79 wurde auf der Gemarkung Eberdingen-Hochdorf ein reich ausgestattetes Grab ausgegraben. Das Grab war nicht geplündert worden. Die Erhaltungsbedingungen in der hölzernen Grabkammer waren außergewöhnlich günstig, so dass sich zahlreiche Funde aus organischem Material, Holz, Leder und vor allem Textilien erhalten hatten.

Der Grabherr war etwa 40- 50 Jahre alt, mit einer Körpergröße von 1,83 Meter wesentlich größer als seine Zeitgenossen und hatte Schuhgröße 44,

Zur persönliche Ausstattung des Verstorbene gehörten: Ein Hut aus Birkenrinde, ein Halsring, ein Armband und ein Gürtelblech aus Gold, Schlangenfibeln aus Bronze und Gold. Ein Dolch aus Bronze und Eisen mit Goldbelag, ein Köcher mit einer Pfeilspitze aus Bronze und 13 Pfeilspitzen aus Eisen. Ein Täschchen mit Nagelschneider, Rasiermesser, Kamm und Angelhaken vervollständigten die äußere Erscheinung. Pfeil und Bogen betrachtet man heute weniger als Kriegswaffen, sondern als Jagdwaffen. Den Verstorbenen hatte man auf einer 3 Meter langen Kline aus Bronze aufgebahrt.

Einen 500 Liter fassenden Bronzekessel, ursprünglich zu 2/3 mit Honigmet gefüllt, hatten die Hinterbliebenen zu seinen Füßen aufgestellt und neun mit Goldbändern verzierte Trinkhörner vervollständigten das Trinkservice. Auf einem vierrädrigen Wagen hatte man eine Lanze, eine Axt und ein Messer aus Eisen deponiert.

Der Verstorbene wurde gegen 540 v.Chr beigesetzt und sein Grab ist das Älteste im Bereich des Hohenasperg, 10 km vom Fürstensitz entfernt.

5. Siedlung Eberdingen-Hochdorf
Die Siedlung mit 15 ha Fläche, datiert ins 5 und 4. Jhd.v.Chr. wurde etwa 4 Generationen lang nach der Anlage des Grabhügels von Hochdorf, etwa ab 540 v.Chr, bewohnt. Die Siedlung bestand aus einzelnen, umzäunten Hofstellen mit einem Areal von etwa 50 x 50 Metern.

Eine Hofstelle setzte sich aus einem großen Wohnhaus, mehreren Grubenhäusern und einigen Getreidesilos unter und über der Erde zusammen. Die Grubenhäuser dienten Handwerkern als Arbeitsplatz. Wie die Hinterlassenschaften zeigen, arbeiteten in ihnen Angehörige der unterschiedlichsten Berufe. So gab es Häuser für Weber, Bronzegießer, Schmiede und andere. In dem Ort lebten wohlhabende Einwohner. So fand man Scherben einer attischen Schale, die um 425 v.Chr. in Athen hergestellt worden war.

Ähnliche Anlagen kennt man aus Frankreich oder der Schweiz.

Die Siedlung blühte bis nach 425 v.Chr.

6. Die Stele von Ditzingen-Hirschlanden

Bei der Untersuchung eines Grabhügels Südwestlich des Ortes Hirschlanden wurden 16 Gräber mit durchschnittlichen Beigaben gefunden. Der wichtigste Fund war aber eine Figur aus Sandstein, die wohl den Grabherren darstellte. Sie war im Stil einer griechischen „Kouroi"-Figur gearbeitet, trug die Insignien eines Keltenfürsten, darunter einen Hut in der Art der Hüte aus Birkenrinde in den Gräbern von Hochdorf und Bad Cannstatt. Die Statue stand vermutlich auf der Spitze des Grabhügels.

Im Grabhügel gefundener Schmuck aus Gold datiert auf spätes 6. bis 5.Jahrhundert v. Chr. Eine Nadel mit goldenem Kopf soll um 500 v.Chr. angefertigt worden sein.

7. Der Grabhügel von Ditzingen-Schöckingen

Bei Bauarbeiten wurden in Ditzingen –Schöckingen 1952 ein reich ausgestattetes Grab einer Frau entdeckt. Beim Skelett fand sich Schmuck aus Gold und Koralle. Das Grab stammte aus der Zeit um 500 v.Chr. Eine spätere Untersuchung förderte noch weitere Gräber mit durchschnittlichen Beigaben zu Tage.

8. Die Gräber von Stuttgart-Bad Cannstatt,

Rechts des Neckar wurden bei Bauarbeiten 1934 und 1937 zwei Fürstengräber gefunden. Das erste Grab enthielt reichen Goldschmuck, einen vierrädrigen Wagen und ein Trinkgeschirr aus Bronze. Als Bewaffnung fand man drei eiserne Lanzenspitzen.

Das zweite Grab enthielt ebenfalls Goldschmuck, ein Bronzebecken und zwei eiserne Lanzenspitzen. Auf dem Schädel des Verstorbenen fand man die Reste eines Hutes aus Birkenkenrinde.

Fazit:

Bei dem ältesten Grab im Bereich der Heuneburg handelt es sich um das Zentralgrab des Hügels 18 der „Hohmichele – Nekropole." Nach Feststellung der Wissenschaft ist der Grabherr gegen 650 v.Chr. bestattet worden. Das Zentralgrab wurde antik ausgeraubt.

Man kann davon ausgehen, dass es sich bei dem Verstorbenen um den Anführer der keltische Sippe handelte, die gegen 650 v.Chr. die Heuneburg besetzte und einige Zeit später wieder verließ. Als gegen 620 v.Chr. die Griechen eintrafen, waren Gebäude und Befestigung verfallen und die Heuneburg verlassen. Der Grabhügel diente aber bis zur Latene-Zeit, 450 v.Chr. weiter als Grablege, denn. insgesamt wurden 19 Nachbestattungen gezählt.

Generell kann man davon ausgehen, dass in den zur Heuneburg zuzuordnenden Grabhügeln die Eliten der Heuneburg bestattet wurden. Wie unter anderem das große Haus unter Hügel IV der Gießübel-Talhau Nekropole nahe legt, herrschten aber auf der Heuneburg zwei verschiedene keltische Geschlechter.

Gegen 540 v.Chr. kam es dann vermutlich zum Aufstand der in der Außensiedlung herrschenden Sippe, mit dem Ergebnis, dass Stadt und Akropolis in einer gewaltigen Brandkatastrophe untergingen. In der Zeit danach bauten die siegreichen Kelten Akropolis und Außensiedlung auf keltische Art wieder auf.

Ähnlich wie bei den Siedlungen kam es ab 540 v. Chr. auch bei Bestattungen zu einem Wandel der Begräbnissitten. Ab diesem Zeitpunkt wurden den Verstorbenen wieder Kriegswaffen auf ihre letzte Reise mitgegeben.

Bei der Ankunft der Griechen auf der Heuneburg war die Landschaft dünn besiedelt. Das Gelände der heutigen Heuneburg war verlassen und der nächste keltische Herrscher lebte möglicherweise auf dem Kapf. Auf jeden Fall wurde er nach 616 v. Chr. wie eine Untersuchung des Holzes der Grabkammer ergab, im Magdalenenberg bei Villingen bestattet. Ob er wirklich auf dem Kapf residierte, ist umstritten.

So zeigt ein Vergleich der Daten der Grabhügel der Heuneburg mit denen, die man den Herren von Hohenasperg zuordnet, einen deutlichen Unterschied. Danach sind die Grabhügel der Heuneburg einige Jahre, wenn nicht Jahrzehnte, älter als die Grabhügel des Hohenaspergs. Auch wenn viele Hügel im 19. Jahrhundert geplündert wurden, zeichnet sich doch eine deutliche Tendenz ab.

Das bedeutet, die Heuneburg wurde zuerst gegründet und könnte als Ursprung und Basis für die anderen Siedlungen und vor allem für die vielen „industriellen" Bergwerke und Verhüttungsplätze gedient haben. Bezeichnenderweise lässt sich an den Verhüttungsstellen keine Entwicklung feststellen. Das heißt, die Verarbeitung der Erze setzt unvermittelt ein. Das bedeutet, hoch qualifizierte Fachleute richteten die Anlagen ein und betrieben sie einige Jahre / Jahrzehnte, um sie dann ebenso überraschend wieder aufzugeben…

Auf Grund der vielen Hinweise und Hinterlassenschaften kommen als Invasoren nur die Griechen in Frage

Kapitel 4
Pythagoras in Pyrene?

Einer der bekanntesten, griechischen Philosophen, Pythagoras, könnte hier im Raum der Heuneburg, der griechischen Stadt „Pyrene", Teile seines Wissens erworben haben. Es gibt einige Eigenarten in seiner persönlichen Lebensweise und in seinem Verhalten, die sich nur mit den Normen und Eigenheiten der keltischen Religion, erklären lassen. Außerdem gibt es einige Hinweise, die klar auf eine Verbindung zu den keltischen Druiden, beziehungsweise auf einen Aufenthalt des Pythagoras in Pyrene hindeuten. Dagegen spricht allerdings, dass sowohl die keltischen Priester, die Druiden, als auch Pythagoras die Einzelheiten ihrer Vorstellungen nur mit Auserwählten teilten.

Pythagoras (570 – 496 v. Chr.) war ein Zeitgenosse von Siddhartha Gautama, genannt „Budda", geboren 560 v.Chr. im nördlichen Vorderindien, gestorben um 480 v.Chr. und von Konfuzius, chinesischer Philosoph, geboren 551 v.Chr. und gestorben um 479 v.Chr. Der chinesische Denker Lao-tse gehört auch zu dieser Gruppe, denn Konfuzius soll sich mit Lao-tse über die Vereinbarkeit ihrer beiden Philosophien unterhalten haben. Nach chinesischer Überlieferung soll Lao-tse zur Zeit der Frühlings- und Herbstannalen im 6. Jahrhundert v. Chr. gelebt haben. Zu dieser Gruppe zählt auch der iranische Religionsstifter Zahrathustra, der von 630 bis 553 v. Chr. gelebt haben soll. Bis auf die beiden Chinesen Lao-tse und Konfuzius hat sich wohl keiner der Herren persönlich getroffen. Dass sie je voneinander erfahren und sich gegenseitig beeinflusst haben, scheint möglich, ist aber wohl eher unwahrscheinlich. Allerdings hat man in den keltischen Gräbern der Hallstattzeit, in dem Grabhügel „Hohmichele" bei Altheim und dem Grab von Eberdingen-Hochdorf, Stickereien aus chinesischer Seide gefunden und man kann davon ausgehen, dass auf den Handelswegen nicht nur Waren sondern auch Ideen weit entfernte Orte erreichten.

Die vorhandene, antike Überlieferung über Pythagoras datiert überwiegend aus der römischen Kaiserzeit, mehr als ein halbes Jahrtausend nach seinem Tod. Außerdem sind die antiken Schriften oft parteiisch abgefasst, je nachdem ob der Autor der Lehre des Pythagoras zugetan war oder ablehnend gegenüber stand. Auch hat er kein großes Werk über seine Lehre verfasst. Im Gegenteil, über seinem Schaffen liegt ein Schatten. So drückte er sich absichtlich undeutlich aus, ja er verschlüsselte seine Lehren mit Zahlen, wobei nicht sicher ist, ob die Zahlenmystik nicht von seinen Nachfolgern eingeführt worden ist... Die große Schwierigkeit besteht darin, die eigentliche Lehre von den Auffassungen der späteren „Pythagoreer" zu unterscheiden.

Da von Pythagoras keine einzige Zeile erhalten ist, muss man sich an die Überlieferung halten und ihn und sein Werk im Zusammenhang mit den Gegebenheiten seiner Zeit betrachten. Sicher ist es nicht möglich alle Fehler zu vermeiden, aber vielleicht kann man sich so der Vergangenheit annähern.

Pythagoras wurde in Samos auf der Insel Samos vor der kleinasiatischen Küste als Sohn des Mnesarchos, eines eingewanderten, erfolgreichen Kaufmanns gegen 570 v. Chr. geboren und starb 496 v.Chr. in Metapont (Metapontion) im griechischen Süditalien. Wie die Überlieferung berichtet, war Pythagoras verheiratet und hatte mit seiner Frau Theano mehrere Kinder. Eine Tochter könnte Myia geheißen haben.

Der junge Pythagoras könnte die Grundlage seines Wissens in seiner Heimatstadt Samos auf der Insel Samos erworben haben. Die Samier, die Bewohner der Insel Samos, waren tüchtige Unternehmer. Die Insel war wohlhabend und Anziehungspunkt für zahlreiche Künstler und Gelehrte.

Zur Zeit des Pythagoras war Samos eine der drei führenden griechischen Städte in Kleinasien. Die Samier gründeten viele Kolonien an der afrikanischen Küste und sollen die ersten Griechen gewesen sein, die durch die Straße von Gibraltar gefahren sind. Die Insel war reich und zahlreiche Künstler arbeiteten auf Samos. Zwei Handwerker sollen dort den „Erzguss" zur Zeit des Tyrannen Polykrates erfunden haben.

Politisch war Samos instabil. Häufig kam es zu Auseinandersetzungen zwischen den einzelnen Parteien, und immer wieder putschte sich ein Tyrann an die Macht. Der bekannteste unter ihnen war Polykrates, ein grausamer Tyrann, der die Wissenschaften förderte und Bücher und Schriften sammelte. Samos erlebte unter Polykrates eine Blüte. Offensichtlich hatte er aber das Missfallen des örtlichen, persischen Satrapen Oroites erregt, wurde von ihm unter einem Vorwand auf das Festland gelockt und hingerichtet. Nach Polykrates kam es ab 540 v.Chr. auf Samos unter persischer Herrschaft zu einem wirtschaftlichen und kulturellen Niedergang.

Pythagoras könnte als Sohn eines wohlhabenden Vaters seine Studien in dem südlich von Samos an der Küste gelegenen Milet fortgesetzt haben, denn hier lebten und arbeiteten zur Zeit des Pythagoras große Gelehrte:

1. Thales (Philosoph / 625 – 547 v. Chr.)

Thales soll das Wissen über Mathematik aus Ägypten nach Milet

gebracht haben. Außerdem war er ein Astronom. Er sagte beispielsweise eine Sonnenfinsternis voraus.
   2. Anaximander (Philosoph und Geograph / 610–546 v.Chr.), ein Schüler und Freund von Thales
   3. Hekatäos, (Schriftsteller) verfasste geschichtliche und erdbeschreibende Werke, aus denen Herodot zitierte. Er lebte 550 bis 490 v.Chr.
   Thales und der athenische Staatsmann Solon (640-560 v.Chr.) zählten zu den „7 Weisen", den wichtigsten Gelehrten in Griechenland.
   Laut dem Autor des Artikels über Pythagoras in „Zedler's Lexikon von 1735" waren unter seinen Lehrern außerdem Pherecydis von Syros, Creophilus, Bias, Epimenides und andere gewesen.
   Pythagoras war ungeheuer neugierig und wissbegierig.
   Nach den besagten Autoren in „Zedlers Lexikon" nahm er alle möglichen Beschwerden auf sich, wenn es darum ging, eine geheime Sekte oder eine fremde Philosophie kennen zu lernen. So soll er sich, nach Auskunft von Menasse von Israel (1604-1657), um eine geheime Lehre kennen zu lernen, beschneiden lassen haben. Außer nach Ägypten soll er auch nach Phönizien und andere Länder gereist sein. In Babylon soll er die „Chaldäische Magie" bei dem Assyrer Nazaratus oder Zaratus, auch bekannt als Zoroaster oder wie Clemens von Alexandria meint, beim Propheten Ezechiel kennengelernt haben.
   Ezechiel lebte damals mit dem jüdischen Volk im Exil in Babylon. „Babylonische Gefangenschaft. Buch Ezechiel, (AT), entstanden 600-560 v.Chr.

   Milet war damals ein internationales Handelszentrum. Von hier aus, der wichtigsten Stadt im Bund der 12 griechischen Städte an Kleinasiens Küste, wurden 70 Kolonien gegründet, die meisten am Schwarzen Meer. Die Kaufleute von Milet handelten sehr erfolgreich mit Teppichen und Stoffen. Miletisches Tuch war weit begehrt. Der Handel erstreckte sich von dem Inneren Asiens, über das gesamte Mittelmeer bis über die Straße von Gibraltar hinaus, vor allem aber in das Schwarze Meer. An dessen Küsten tauschten sie Wein, Tuch und anderes gegen Wolle, Pelze und Sklaven.
   Auch der nördlich von Samos gelegene Hafen Phokäa spielte in der Geschichte der Griechen eine wichtige Rolle. So kämpften zur Zeit des Trojanischen Krieges seine Bewohner auf der Seite der Griechen, wie Homer berichtet.
   Auch von Phokäa aus wurden zahlreiche Kolonien gegründet, darunter das heutige Marseille. Außerdem wurden die von den „Pelasgern", einem alten, sagenhaften, griechischen Volk gegründeten Han-

delsplätze, Spina und Hatria in der Mündung des Flusses Po, von den Phokäern übernommen. Man kann davon ausgehen, dass die Phokäer sich damals auch in Unteritalien und Sizilien engagierten, von dem lukrativen Handel mit Zinn aus dem heutigen Cornwall in Südwest-England ganz zu schweigen. Die heutige Straße von Gibraltar wurde für griechische Schiffe erst nach der Seeschlacht bei Alalia (Korsika) 540 v. Chr. gesperrt, als die griechische Flotte gegen die Phönizische unterlegen war.

Vermutlich dienten Spina und Hatria den griechischen Invasoren, die Pyrene / Heuneburg errichteten, als Basis, denn so ein gewaltiges Unternehmen, wie eine Invasion, brauchte ein Fundament, eine oder mehrere Städte in der Material, Ausrüstung und vor allem Fachleute und Kapital vorgehalten werden konnten.

Die drei Mutterstädte der meisten Kolonien dieser Zeit lagen also verhältnismäßig nahe beieinander und man kann davon ausgehen, dass die Verbindungen untereinander sehr eng waren. Außerdem waren sie Mitglied in dem Bund der 12 griechischen Häfen an der Küste Kleinasiens.

Schon zu Lebzeiten war Pythagoras sehr populär und engagierte sich in der Politik. Mit dem Gesetzgeber und Staatsmann Solon aus Athen soll er befreundet gewesen sein.

Und der Autor des Artikel über Pythagoras in „Johann Heinrich Zedlers Universallexikon aller Wissenschaften und Künste von 1735", Google books 2012) berichtet unter anderem:

Zitat: „Pythagoras, ein alter Weltweiser und Stifter der so genannten Italienischen Secte, war nach einiger Meynung zu Samos, daher er auch Samius gennenet wird, nach anderen aber, zu Sido in Phönicien, und nach den dritten, in Italien gebohren."

Er soll zur Zeit des letzten römischen Königs Tarquinius gelebt haben und war derjenige, der zuerst den Begriff Philosoph geprägt hat.

Pythagoras hatte möglicherweise die keltische Religion angenommen. Er war sicher kein Druide, aber er könnte ein Anhänger der keltischen Religion gewesen sein. Es gibt bei den Vorstellungen des Pythagoras viele Gemeinsamkeiten mit denen der Druiden. Das würde bedeuten, dass Pythagoras über einen längeren Zeitraum einen intensiven Kontakt mit den keltischen Gelehrten gepflegt hat. Möglicherweise hat er sich den religiösen Gebräuchen der Kelten unterworfen und war von etlichen „Gessa" (Plural von „geis" = kelt. „Gebot", „Verbot") persönlich betroffen.

1. So war es Pythagoras und seinen Anhängern untersagt, Bohnen zu essen. Allerdings schreibt Herodot, dass man in Ägypten auch

keine Bohnen aß. „Bohnen säen die Ägypter in ihrem Lande überhaupt nicht, und die von selber wachsenden isst man nicht, weder geröstet noch gekocht. Die Priester ertragen nicht einmal den Anblick von Bohnen, weil sie sie für unreine Früchte halten." (Herodot, 2. Buch, Absatz 37)

Dass man in Ägypten keine Bohnen aß, schließt aber nicht aus, dass es sich bei dem Gebot, keine Bohnen zu essen, nicht dennoch um ein von den Druiden ausgesprochenes „Geis" handelt.

Das Ganze erinnert an die Orphiker, denen es verwehrt war, Eier zu essen, vor allem vor dem Hintergrund der Ansicht verschiedener antiker Autoren, die behaupteten, Orpheus (Orpheus und Euridika) hätte nie gelebt. Danach war Orpheus eine Erfindung des Pythagoras.

2. Pythagoras ernährte sich vegetarisch. Dieses Gebot galt vielleicht auch für seine Gefolgschaft

3. Er und seine Anhänger frönten einer einfachen Lebensweise

4. Das Vermögen eines Adepten kam allen zu Gute

5. Vor seinem Tode hatte Pythagoras keinen Nachfolger bestellt.

So hatten Pythagoräer und Druiden auch viel gemeinsam

a. Sie lebten in einer Art Bruderschaft.

b. Ihre Lehren waren geheim.

c. Beide glaubten an eine unsterbliche Seele und die Wiedergeburt in einer anderen Welt

d. Nach dem Tode eines Oberhauptes wurde bei beiden Organisationen ein neues Oberhaupt gewählt. Zumindest hinterließ Pythagoras keinen Nachfolger.

In den Jahren zwischen 532 -529 v. Chr. erschien Pythagoras in dem griechisch besiedelten Unteritalien, in der Stadt Kroton. Angeblich hatte er das Missfallen des Tyrannen Polykrates, der 538 v.Chr. in Samos an die Macht gekommen war, erregt und war in die Kolonien ausgewichen.

Der Autor von Zedler's Universallexikon ist da anderer Meinung. Danach kehrte Pythagoras nach Samos zurück und wollte eine Schule für Weisheit gründen. Da ihn seine Landsleute aber verachteten, reiste er nach Kroton.

Auf jeden Fall gründete er nach seiner Ankunft in Kroton eine Schule und sammelte zahlreiche Anhänger um sich. Sie bildeten eine Gemeinschaft, pflegten eine bescheidene, disziplinierte Lebensweise und verpflichteten sich zur Treue gegeneinander.

Als begabter Redner erlangte Pythagoras in Kroton einen großen politischen Einfluss. So schreibt der Autor Diogenes Laertius, dass Pythagoras der Stadt eine aristokratische Verfassung gegeben und nach dieser regiert haben soll.

Während seiner Zeit in Kroton kam es zu einer Auseinandersetzung, einem Krieg, mit der Stadt Sybaris, den die Sybariten 510 v. Chr. anzettelten. Kroton trug den Sieg davon, die Sybariten wurden geschlagen und ihre Stadt zerstört. Über die Verteilung der Beute zerstritten sich die Einwohner von Kroton und Pythagoras zog sich für den Rest seines Lebens genervt in die Stadt Metapont zurück. Nach seiner Abreise eskalierte der Streit und die Bürger hielten die Pythagoreer für die Schuldigen. Es soll zahlreiche Opfer gegeben haben.

Die Bewohner von Metapont, die Pythagoras sehr verehrten, wandelten sein Haus nach seinem Tod in ein Demeter-Heiligtum um. Demeter war die griechische Göttin des Ackerbaus und der Fruchtbarkeit.

Über das Schaffen des Pythagoras ist wenig gesichert, denn über seine Lehre sind keine Schriften, weder von ihm noch von anderen zeitgenössischen Autoren, erhalten. Die vorhandene, antike Überlieferung über Pythagoras datiert überwiegend aus der römischen Kaiserzeit, mehr als ein halbes Jahrtausend nach seinem Tod. Die große Schwierigkeit besteht darin, die eigentliche Lehre von den Auffassungen der späteren „Pythagoreer" zu unterscheiden. So halten ihn die einen in erster Linie für einen Naturwissenschaftler, Mathematiker und Philosophen, während ihn andere für einen Schamanen halten. Der Versuch einer Erklärung:

Pythagoras war auf Grund seiner Herkunft wohlhabend und konnte sich ohne wirtschaftliche Sorgen seinen Studien widmen. Sein Vater Mnesarchos war nach Ansicht der Fachgelehrten, kein Mitglied einer vornehmen Familie auf Samos, sondern ein erfolgreicher, eingewanderter Kaufmann.

Hoch gebildet, wirtschaftlich unabhängig und ungeheuer neugierig hatte Pythagoras sicher auch von den reichen Erzvorkommen in dem Gebiet nördlich der gewaltigen Gebirgsketten und von der großen Stadt Pyrene gehört. Den Namen Pyrene hat uns Herodot überliefert: „Der Istros (Donau) kommt aus dem Lande der Kelten, von der Stadt Pyrene her und fließt mitten durch Europa."

Und natürlich hatte er auch von der geheimnisumwitterten Gruppe der einheimischen Gelehrten, den Druiden gehört. Die „verrückten Barbaren" der kalten, nördlichen Gebiete waren bestimmt Gegenstand der tollsten Geschichten und Gerüchte in den quirligen Hafenstädten in Kleinasien. Pythagoras könnte sich einer Fahrt der Phokäer angeschlossen haben, die zu ihren Kolonien Hatria und Spina in der Po-Mündung unterwegs waren.

Er kann die Reise nur als junger Mann angetreten haben, denn

570 v. Chr. geboren hatte er bis zum Untergang der griechisch geprägten Phase von Pyrene 540 / 530 v.Chr. relativ wenig Zeit... Auf jeden Fall scheint er tatsächlich auf der heutigen Heuneburg (Pyrene) angekommen und dort als Gelehrter von den Herren anerkannt worden zu sein.

Diese Annahme wird Jahrhunderte später durch eine Bemerkung des Clemens von Alexandria erhärtet, der in seinem Werk „Stromata I, XV feststellt: Pythagoras selbst sei „Hörer der Galater und der Brahmanen gewesen."

Clemens, Titus Flavius (150-215 n.Chr.), ein griechischer, christlicher Gelehrter, der das Amt des Leiters der theologischen Schule in Alexandria inne hatte und damit auch Zugang zu den Schätzen der sagenhaften Bibliothek von Alexandria, kann mit dem Begriff „Galater" nur die Kelten gemeint haben, denn zur Zeit des Pythagoras existierten noch keine „Galater". Als „Galater" bezeichnete man später die 278 v.Chr. in Kleinasien eingewanderten Kelten – also lange nach der Zeit des Pythagoras, der 570 - 500 v.Chr. lebte.

Aus heutiger Sicht irrt Clemens, wenn er den Glauben der Kelten an die Wiedergeburt mit dem Glauben der Brahmanen gleich setzt. Nach den Vorstellungen der Brahmanen wurde ein Verstorbener als Mensch oder Tier in der Welt wiedergeboren. Die Kelten (Galater) glaubten im Gegensatz dazu an eine Wiedergeburt in einer „anderen Welt". In dem Verhalten der Helden der irischen Sagen kommt auch zum Ausdruck, dass sie die „andere Welt" für die eigentliche Welt hielten. Ein fundamentaler Unterschied zum Glauben der Brahmanen.

Ein anderer Autor, Valerius Maximus schreibt über die Druiden: „Sie sind von der Unsterblichkeit der menschlichen Seele überzeugt; ich würde sie deswegen für dumm halten, stimmten die Vorstellungen dieser bärtigen Barbaren nicht mit den Ideen überein, die auch Pythagoras, den das Pallium schmückte, vertreten hat."

So berichten antike Autoren über zahlreiche Übereinstimmungen zwischen religiösen Überzeugungen der keltischen Druiden und den Pythagoreern. Auf jeden Fall scheint er ein genauer Kenner der Organisation der Druiden gewesen zu sein, denn so schreibt Ammianus Marcellinus nach Timagenes, dass im Vergleich mit Barden und Sehern „die Druiden durch ihr Wissen den Sieg davon tragen; das hat Pythagoras als Autorität entschieden."

Und Diodor von Sizilien (1. Jhd. v. Chr.) berichtet: „Die Lehre des Pythagoras von der Unsterblichkeit der Seele hat bei ihnen (den Druiden) viel Gewicht."

Auch Caesar schreibt über die Druiden und die Unsterblichkeit: „Ihr Hauptlehrsatz ist: Die Seele sei unsterblich und wandere nach dem Tode des Leibes weiter von Körper zu Körper." / Caesar, 6, 14

Über die Druiden hat als erster Autor Poseidonios von Apamaia berichtet, nachdem er zu Beginn des 1.Jahrhunderts v. Chr. nach Gallien gereist war und mit einigen Druiden Kontakt hatte. Danach befassten sich die Druiden mit Astronomie, Algebra, Geometrie und allen möglichen Wissenschaften. Dichtung, Sprache und Gesang spielten bei ihnen eine große Rolle. Sie glaubten an die Unsterblichkeit der Seele und die Wiedergeburt in einer anderen Welt, bezahlten keine Steuern und wurden nicht zum Kriegsdienst herangezogen. Sie lebten in einer Art Stämme übergreifender Bruderschaft, die von einem Oberhaupt angeführt wurde.

Zur Zeit des Poseidonios hatte das Druidenwesen allerdings seinen Höhepunkt überschritten. Der römische Einfluss machte sich schon damals in ganz Gallien bemerkbar. Römische Waren und Götterbilder fanden sich im ganzen Land und die einheimischen Adligen schätzten den Luxus und Komfort, der mit den römischen Händlern einzog. Dem hatten die Druiden mit ihrer Lehre vom einfachen Leben und den wilden, blutrünstigen Gottheiten nichts entgegenzusetzen.

Das mag in früheren Zeiten anders gewesen sein. So hat man aus der Zeit der „Lehmziegelmauer" (620 – 540/530 v. Chr.) auf der Heuneburg nur wenige Scherben aus Griechenland gefunden. Möglicherweise war das Fehlen griechischer Importe auch auf den Einfluss der Druiden zurückzuführen, die eine Art „puritanische Lebensweise" propagierten.

Der Einfluss der Druiden schwand im Laufe der Jahrhunderte, wie das Beispiel Caesars (100-44 v.Chr.) zeigt, der, als er Gallien eroberte, nicht einen einzigen Druiden traf. Es fiel ihm nicht einmal auf, dass sein wichtigster Verbündeter, Diviciacus, der Anführer der Haeduer, ein ausgebildeter Druide war, denn als Diviciacus 60 v. Chr. sich in Rom aufhielt und Cicero kennenlernte, offenbarte er ihm, dass er ein Druide und auf die Weissagung durch Zahlen spezialisiert sei. Woraufhin Cicero ihm gestand, dass er selbst Augur gewesen war.

Auguren waren in Rom Priester, die am Himmel nach Zeichen suchten, z.B. Vogelflug, um nach diesen den Willen der Götter zu erforschen.

Ein zentraler Begriff der keltischen Religion ist „Geis", Plural „Gessa". Dabei handelt es sich um einen keltischer Begriff für ein absolutes Gebot oder Verbot, eine tabuartige, positive oder negative Verpflichtung. Die Nichteinhaltung eines Geis hatte Unglück, Verlust der Ehre oder den Tod zur Folge. Das Geis war in jeder Situation bindend. Es konnte von Männern und Frauen aus der realen, wie auch aus der „Anderen Welt" ausgesprochen werden, um einen Menschen zu gewissen Handlungen zu zwingen oder von solchen abzuhalten.

Gessa wurden oft von Druiden ausgesprochen, vor allem, wenn es sich um Könige handelte. Gessa betreffen in den keltischen Sagen immer nur Helden oder Könige, niemals aber Druiden.

So unterlag Chuchulainn, der Held der irischen Sagen, dem geis, dass er kein Hundefleisch essen durfte. Als man ihm dann Hundefleisch unterschob, war es sein Verhängnis.

Und: Cormac, der Sohn des Königs Conchobar durfte den Klängen einer bestimmten Harfe nicht lauschen, die Vögel der „Da Cheo-Ebene" nicht jagen, in „Senath-Mor" keine Frau treffen und den Shannon nicht trockenen Fußes überqueren.

Auch König Conaire d. Gr. war zahlreichen Gessa unterworfen. „Von Geburt an war es dir verboten, Vögel zu töten... Du darfst um die Stadt Tara nicht südlich herum gehen und um die Ebene vor Breg nicht nördlich... Du darfst die wilden Tiere von Cerna nicht jagen. Du darfst Tara nicht in jeder neunten Nacht verlassen. Du darfst nicht in einem Haus schlafen, dessen Herdfeuer nach Sonnenuntergang von draußen gesehen werden kann... Während deiner Herrschaft darf kein Diebstahl geschehen... und schließlich ist es dir verboten, bei einem Streit deiner Diener untereinander einzuschreiten."

Die Beispiele zeigen, wie vielfältig die „Gessa" ausfallen konnten und wie wichtig in der Welt der Druiden das gesprochene Wort war. Das erklärt auch die Funktion des „Gutuater", des „Vaters der Stimme", der die geheimnisvollen Kräfte der Natur anruft und damit das gesprochene Wort zum Leben erweckt.

Pythagoras könnte ein Anhänger der keltischen Religion gewesen sein. Es gibt bei den Vorstellungen des Pythagoras viele Gemeinsamkeiten mit denen der Druiden. Das bedeutet, dass Pythagoras über einen längeren Zeitraum einen intensiven Kontakt mit den keltischen Gelehrten gepflegt haben könnte. Möglicherweise hat er sich den religiösen Gebräuchen der Kelten unterworfen und war von etlichen Gessa persönlich betroffen.

Außerdem gibt es um die Person des Pythagoras einige Sagen und Berichte, die vielleicht zu dem „pythagoreischen Kreis" der Legenden gehören und etwas Licht auf ihn und seine Lehre werfen.

Der Dichter Ion von Chios, 525 – 456 v.Chr, vermeldete im 5. Jahrhundert v. Chr., Pythagoras habe Gedichte verfasst und Autoren der römischen Kaiserzeit überlieferten einige Titel seiner Gedichte, darunter eine „Heilige Rede" und die „Goldenen Verse". Das Gedicht „Goldene Verse", wurde in seiner überlieferten Form sicher nicht durchgängig von Pythagoras verfasst, enthält Lebensregeln und religiöse Verheißungen und vielleicht einzelne Verse aus der „Heiligen Rede".

Die Kenntnis seines Werkes, „Die goldenen Verse" verdanken wir einem unbekannten Pythagoreer. Die Datierung ist umstritten. Sie reicht vom 6. Jahrhundert v. Chr. bis zu dem 4.Jahrhundert n.chr. Der Neuplatoniker Hierokles von Alexandria der im 5.Jahrhundert zu dem Werk einen Kommentar schrieb, wie auch sein Zeitgenosse, der Neuplatoniker Syrianos, hielten die Lehre Platons für nichts anderes als den Pythagoreismus. Hierokles hielt das Gedicht für eine allgemeine Einführung in die Philosophie des Platonismus.

Das Gedicht besteht in der vorliegenden Form aus zwei Teilen: Der erste Teil sind vorgegebene Verhaltensweisen.
Ein Pythagoreer soll:
1. Götter, Eltern und Verwandte ehren
2. Freundschaften überlegt schließen und bewahren
3. Worte und Taten gut überlegen
4. Das Schicksal gleichmütig ertragen
5. Maßvoll sein, Leidenschaften beherrschen
6. am Ende eines Tages Bilanz ziehen, über Leistungen und Versäumnisse
7. Vergänglichkeit nicht vergessen

Im 2. Teil schreibt der Verfasser über die Folgen
Die Lebensführung führt zu:
Begreifen der Naturgesetze
Befreiung von Leid durch Einsicht in dessen Ursachen, denn Sterbliche sind göttlicher Natur und deshalb zu solchem Verstehen in der Lage. Derjenige, der Teil 1 beachtet, gelangt nach seinem Tod als unsterbliche Seele in den freien Äther und führt das Leben eines Gottes.

Die Pythagoreer waren recht religiös. So berichtet Aristoteles (384 -322 v.Chr.) von der Neigung der Pythagoreer, die „Legenden von Aristeas von Prokonnesos, von dem Hyperboreer Abaris und anderen dergleichen" zu glauben.

Von dem Hyperboreer Abaris heißt es, dass er mit einem Pfeil in der Hand über die ganze Erde gewandert sei, ohne zu essen. Pythagoras soll ihm den Pfeil abgenommen und sich als der „hyperboreische Apoll" zu erkennen gegeben haben. Herodot glaubte aber nicht an diese Sage.

Dagegen berichtet Jamblichos viel später, er lebte 240 – 320 n.Chr., dass die Bewohner von Kroton Phythagoras für den „hyperboreischen Apoll" gehalten haben.

Pythagoras scheint sich absichtlich hinter allen möglichen Organisationen versteckt zu haben. Nicht nur, dass er zwei verschiedene Arten von Schülern um sich sammelte, die er zur Verschwiegenheit gegenüber Außenstehenden anhielt, sondern er scheint sich ein Pseudonym zugelegt zu haben, den Dichter „Orpheus". Dies berichtet zumindest der Dichter „Ion von Chios" – 5.Jhd. v. Chr. wenn er schreibt, dass Pythagoras unter dem Namen Orpheus Gedichte geschrieben habe. Die Wissenschaft vermutet sogar, dass es vor Pythagoras überhaupt keine Gedichte von Orpheus gegeben habe.

Auch Aristoteles soll nicht an die Existenz des Dichters Orpheus geglaubt haben und eher den Pythagoreer mit Namen Kerkops für den Autor der Gedichte des Orpheus gehalten haben. Einen weiteren Hinweis findet sich in „Zedlers Lexikon" von 1735. Hier berichtet ein Pausanias, dass niemals ein Orpheus in der Welt gewesen sei..."

Tatsächlich gibt es zwischen den Pythagoreern und den Orphiker einige Übereinstimmungen.

1. Die vegetarische Lebensweise.

Pythagoreern und Orphiker lebten vegetarisch. Aber auch die Hyperboreer lehnten den „Genuss allen Beseelten" ab, wie der antike Autor Hellanikos berichtet. Er schreibt, dass sie Gerechtigkeit dadurch lernen wollten, dass sie kein Fleisch aßen, sondern sich nur von auf Bäumen wachsenden Früchten ernährten.

2. Glaube an die Gottähnlichkeit der unsterblichen Seele des Menschen.

3. Verstorbene dürfen nicht in wollener Kleidung bestattet werden.

4. Verbot gewisser Speisen. Den Orphikern war es verwehrt, Eier zu essen (Plutarch) und die Pythagoreer durften keine Bohnen essen.

5. Platon verarbeitete orphisches Gedankengut und nutzte es in seinem eigenen philosophischen Werk. Auch die Pythagoreer machten Platon den Vorwurf, Gedanken und Schriften des Pythagoras als eigene ausgegeben und in seinem Werk benutzt zu haben.

In der Forschung stehen sich zwei grundsätzlich unterschiedliche Ansichten über Pythagoras gegenüber. Die eine Richtung hält Pythagoras für einen Schamanen, vertreten durch etliche namhafte Wissenschaftler. Diese Forscher sind zu dem Ergebnis gekommen, dass Pythagoras keinen Beitrag zur Mathematik, Geometrie, Musiktheorie und Astronomie geleistet hat. Nach ihrer Meinung ging es ihm nicht um exakte Wissenschaft, sondern um Zahlenmystik, spekulative Kosmologie und die Ausübung magischer Techniken. Für seine Anhänger war Pythagoras nach der Meinung dieser wissenschaftlichen Richtung, ein „Guru" mit Zugang zu unfehlbarem, göttlichem Wissen. Nach dieser Denkrichtung bildeten die Pythagoreer eine Kultgemeinschaft, die sich hinsichtlich der Riten ihren Mitgliedern striktes Schweigegebot auferlegte. Die Schamanismusthese wurde von Walter Burkert in seinen Schriften eingehend begründet.

Aber die wahrscheinlichere und dem Pythagoras eher angemessene Rolle ist die des neugierigen Naturwissenschaftlers. Natürlich ist auch er ein Kind seiner Zeit, aber er scheint sich immer für den Grund der Dinge interessiert zu haben, ohne Denkverbote. Insofern war er ein Freigeist und Wissenschaftler.

Diese Auffassung, die Wissenschaftsthese, wird in erster Linie von Leonid Zmund, dem bekannten russischen Spezialisten und Autor über den frühen Pythagorismus, vertreten. Für diese Ansicht spricht einmal das persönliche Verhalten des Pythagoras. Da gibt es nichts Geheimnisvolles. Er hatte einen Kreis von Gelehrten um sich geschart und so könnte, zum Beispiel, das eine oder andere Theorem des Euklid auf Pythagoras zurückgehen.

Einer seiner zeitgenössischen Gegner, Heraklit, macht Pythagoras sogar den Vorwurf, er habe mehr Studien betrieben, als irgendein anderer Mensch vor ihm und beschuldigt ihn des Plagiats. Außerdem bezeichnet Heraklit Pythagoras als „Oberschwindler" und wirft ihm „Vielwisserei" vor, die Pythagoras ohne Verstand praktiziere, also bloßes Ansammeln von Wissensstoff ohne wirkliches Verständnis. Auch der im griechischen Italien lebende Philosoph Xenophanes hielt nichts von Pythagoras. Einige Zeitgenossen warfen den Pythagoreern sogar vor, dass sie eine Tyrannei angestrebt hätten.

Dagegen weiß sich ein Schamane, für den man Pythagoras auch hält, mit dem „Göttlichen" eins und stellt keine neugierigen Fragen. Im Gegenteil, der Schamane versucht mit allen möglichen Mitteln, Tanz, Gesang und festgelegten Ritualen und unter Umständen durch den Genuss von Drogen, das „Göttliche" zu beschwören und ihm nahezukommen…

So schreibt Aristoteles in seinem Buch über die Pythagoreer (Fragment), dass „Pythagoras die Fähigkeit gegeben war, gleichzeitig an zwei Orten zu sein. So sei Pythagoras in Kroton und in Metapont gleichzeitig gesehen worden. (Ael. var. hist. 2,26; 4,17) So passen auch die Legenden, die Pythagoras Wahrsagen, Biolokation und die Fähigkeit mit Tieren zu reden, unterstellen, zu einem erfahrenen Schamanen.

Nach einer Überlieferung soll Pythagoras sein Wissen auf Studienreisen durch Ägypten und Babylonien erworben haben. So berichtete Isokrates, 436 - 338 v. Chr., dass Pythagoras seine Bildung in Ägypten und Babylon erworben hätte.

Leonid Zhmud hält die Berichte über Studienreisen des Pythagoras für erfunden. Für diese Meinung führt er an, dass es damals für die Griechen nicht üblich war, eine Fremdsprache zu erlernen, geschweige denn eine Keilschrift oder ägyptische Hieroglyphen.

Er schreibt zutreffend: „Der historische Pythagoras war ein Philosoph, der sich um Mathematik, Musiktheorie und Astronomie bemühte und dessen Schüler einschlägige Forschungen durchführten. Es gab keinen spezifisch pythagoreischen Kult und Ritus, die Schule war keine Kultgemeinschaft, sondern ein lockerer Zusammenschluss (Hätairie) von Forschern. Diese waren nicht auf Dogmen des Schulgründers eingeschworen, sondern vertraten unterschiedliche Meinungen."

Nach Zmunds Ansicht kamen die Zahlenmystik mit dem Grundsatz „Alles ist Zahl" erst zu Platons Zeit auf, also lange nach dem Tod des Pythagoras.

Gegen die Schamanentheorie spricht auch die in der Antike weithin anerkannte Überlieferung, der zufolge Pythagoras der Erfinder der Begriffe „Philosoph" und „Philosphie" war. Wie Herakleides Pontikos überliefert, legte Pythagoras Wert auf die Unterscheidung zwischen dem „Weisen" (sophos) und einem nach Weisheit strebenden „Weisheitsfreund" (philosophos). Dabei zählte er sich zu den Philosophen, da nur Gott wirklich weise sei.

Auch der Begriff „Kosmos", als die Bezeichnung für das harmonisch geordnete Weltganze soll Pythagoras nach antiken Angaben eingeführt haben. Die Wissenschaftsthese wird auch von Aristoteles (384 -322 v. Chr.) und Aristoxenos gestützt, welche die Pythagoreer für die Begründer der griechischen Mathematik hielten.

Es gibt bei den Vorstellungen des Pythagoras viele Gemeinsamkeiten mit denen der Druiden. Das bedeutet, dass Pythagoras über einen längeren Zeitraum einen intensiven Kontakt mit den keltischen Gelehrten gepflegt haben könnte. Möglicherweise hat Pythagoras sich den religiösen Bräuchen der Kelten unterworfen. Dafür spricht auch, dass er sich für einen hyperboreischen Apoll ausgegeben haben soll und er könnte von etlichen Gessa persönlich betroffen gewesen sein. So war es Pythagoras und seinen Anhängern verwehrt, Bohnen zu essen. Außerdem waren sie Vegetarier.

Trotz Geheimhaltung, die auf Seiten der Druiden als auch auf Seiten der Pythagoreer besonders wichtig war, ist doch einiges durchgesickert, das erlaubt, eine längere Anwesenheit des Pythagoras in Pyrene als sehr wahrscheinlich anzunehmen

Hyperboreer und die Griechen
Es gibt in der Überlieferung über Pythagoras immer wieder einen Bezug zu den Hyperboreern. So sollen die Bewohner Krotons Pythagoras für den „Hyperboreischen Apollon" gehalten haben. Hellanikos berichtet aber ebenso von den Hyperboreern, die er jenseits der Rhipäischen Berge ansiedelt, dass sie Gerechtigkeit dadurch lernen

wollten, dass sie kein Fleisch aßen, sondern sich nur von auf Bäumen wachsenden Früchten ernährten.

Strabon deutet den Namen „Hyperboreer" im Sinn von „nördlichsten Menschen" und identifiziert sie in den Nomaden der pontischen Steppe und laut Herodot. konnten auf der Insel Delos die Gräber mehrerer hyperboreaischer Frauen besichtigt werden.

Diodoros wiederum berichtet, dass die Hyperboreer auf einer Insel, nicht kleiner als Sizilien im nördlichen Meer gegenüber dem Keltenland wohnen würden. Er beschrieb einen „merkwürdigen Tempel von runder Form", der Apollon geweiht gewesen sein soll. Die Beschreibung des Tempels erinnert an „Stonehenge", wobei auch die Beschreibung der Lage der Insel auf die Britische Insel verweist. Auch berichtet Herodot, dass die Götter Apollon und Artemis aus dem Hyperboreer-Land gekommen sein sollen.

Für die Griechen war das Volk der Hyperboreer immer das am meisten nördliche, unbekannteste Volk. Zuletzt, als die geographischen Kenntnisse sich immer weiter verbreiteten, bezeichneten sie offensichtlich die Kelten nördlich der Alpen als die Hyperboreer.

So berichtet Pindar in der Geschichte des Herakles, der den Ölzweig nach Olympia bringt, von „der schattigen Quelle des Istros" im Land der Hyperboreer. - Istros ist der thrakische Namen für die Donau.

Auch Herakleidos Pontikos ist die Meinung, dass die Gallier, die unter ihrem Anführer Brennus im Jahr 387 v.Chr. Rom eroberten, aus dem Land der Hyperboreer gekommen sind. Die gleiche Meinung vertritt Poseidonios, wenn er die Hyperboreer in den Alpen ansiedelt.

Und Diodor schreibt, dass Abaris aus Hyperborea zu den Griechen gekommen sei und dass umgekehrt Griechen Hyperborea besucht und dort Weihegeschenke mit griechischen Inschriften hinterlassen hätten. Diodoros (1.Hälfte 1.Jhd. v. Chr.)

Auch der römische Geschichtsschreiber Tacitus berichtet von griechisch beschriebenen Gedenksteinen (Zitat): „und etliche Denk- und Grabmäler mit griechischer Schrift gäbe es in der germanisch-rätischen Grenzmark noch heute. Dies alles mit Gründen zu stützen oder abzuweisen, habe ich nicht im Sinn; man schenke oder versage dem Glauben, wie es jedem beliebt." Siehe Seite 50, Tacitus (55-120 n.Chr.)

So liefern Diodoros und Tacitus zwei starke Hinweise auf die Anwesenheit der Griechen in Schwaben, der damaligen germanisch – rätischen Grenzmark, dem „Land der Hyperboreer"

Letztendlich hielten die Griechen auch die Kelten auf der britischen Insel, für Hyperboreer.

Musik

Ein weiteres Gebiet, auf dem Pythagoras wirkte, war die Musik. In der Antike war man allgemein der Ansicht, dass Pythagoras den Grundstein für die Darstellung der harmonischen Intervalle durch einfache Zahlenverhältnisse gelegt hat. (Abhängigkeit der Tonhöhe von der Länge der schwingenden Saite.) Pythagoras ging durch Erfahrung (empirisch) vor. Dafür spricht, dass Platon die Pythagoreer für ihre Methoden kritisierte und eine spekulative Musiktheorie forderte, da er der Empirie misstraute. Nach der Überlieferung setzte Pythagoras Musik zur Beeinflussung unerwünschter Effekte ein. (Musiktherapie)

Astronomie

Nach der Meinung des Gelehrten Zmund, hatten Pythagoras und seine Anhänger die Vorstellung, dass die Erde als Kugel im Zentrum des Kosmos positioniert sei, um die sich die Planeten und Sterne drehten.

Politik und Gesellschaft

Pythagoras mischte sich in die Politik ein. Er musste seine Heimatstadt Samos verlassen, weil er in Opposition zu dem herrschenden Tyrannen Polykrates (ab 538 v. Chr.) stand. Pythagoras befürwortete eine Herrschaft von Aristokraten.

In Kroton soll er in der Politik eine starke Stellung erreicht haben. So schreibt der antike Autor Diogenes Laertios, dass Pythagoras in Kroton mit seiner Gemeinschaft eine aristokratische Verfassung eingerichtet und nach dieser auch regiert hätte. Auf seinen Einfluss hin weigerte sich Kroton Flüchtlinge aus der Stadt Sybaris dorthin zurück zu schicken. Es kam zum Krieg. Kroton gewann und Sybaris wurde zerstört.

Pythagoras hatte in Kroton aber auch zahlreiche Gegner, die ihn veranlassten; die Stadt zu verlassen und nach Metapont zu ziehen. Vermutlich war er mit seinen Ansichten, er unterstützte die „Aristokraten", bei den „Demokraten" nicht sehr beliebt.

Jahrzehnte nach dem Tod des Pythagoras, gegen 450 v. Chr., kam es in verschiedenen Städten zu blutigen Auseinandersetzungen. Die Pythagoreer wurden teils vertrieben, teils umgebracht.

Religion und Seelenlehre

Die Pythagoreer betrachteten die Harmonie in den Bewegungender Himmelskörper, als ein Zeichen des Göttlichen. Pythagoras selbst war von der Seelenwanderung überzeugt. Das heißt, er setzte die Unsterblichkeit der Seele voraus. Außerdem war er ein Vegetarier.

Ein weiterer Punkt war das strikte Verbot für den Verzehr von Bohnen. Dieses Verbot galt für alle Mitglieder der Gemeinschaft und geht nach Ansicht der Wissenschaft vermutlich auf Pythagoras selbst zurück.

Schülergemeinschaft

Bei der Gemeinschaft der Schüler, der Anhänger des engeren Kreises, hat es sich um einen lockeren Verband von autonomen Mitgliedern gehandelt. Für die Wissenschaftsthese spricht, dass es unter den Pythagoreern sehr unterschiedliche Auffassungen über religiösphilosophische und naturkundliche Fragen gab. Dennoch scheint die Gemeinschaft auf ein Fundament gemeinsamer Grundüberzeugungen gegründet gewesen zu sein, denn man legte großen Wert auf Freundschaft und unbedingte, gegenseitige Loyalität unter den Mitgliedern. Dafür spricht auch, dass es im Gegensatz zu den Schulen von Platon und Aristoteles nach dem Tode des Pythagoras keinen anerkannten Nachfolger (Scholarchen) gab. Das neue Oberhaupt musste erst gefunden (gewählt) werden.

Hier ist auch eine Parallele zu der Gemeinschaft der Druiden der keltischen Völker feststellbar. Caesar berichtet: „An der Spitze der Druiden steht derjenige, der bei ihnen das größte Ansehen genießt. Nach seinem Tod tritt der an seine Stelle, der alle anderen an Würde überragt, wenn es aber mehrere Bewerber gibt, entscheiden die Stimmen der Druiden, bisweilen sogar die Waffen den Wettstreit."

Irgendwann, gegen 450 v. Chr., lange nach dem Tode des Pythagoras, zerfiel die Bewegung in zwei Parteien, die Akusmatiker und die Mathematiker. Die Akusmatiker (von „Akusmata" – Gehörtes), auch später bekannt als „Exoteriker" und „Pythagoreer", orientierten sich an den religiös-philosophischen Lehren, die sie von mündlichen Unterweisungen des Pythagoras ableiteten. Die Mathematiker (von „Mathematha" – Lerngegenstände, Erfahrungswissen) auch später bekannt als „Esoteriker", und „Pytagoristen" trieben Studien im Sinne der Wissenschaft. Vor allem kritisierten die Mathematiker das Verhalten der Akusmatiker, die auf Einwände gegen ihre Ausführungen mit dem Satz antworteten: „Er selbst (Pythagoras) hat es gesagt." Zwischen den beiden Gruppen entstand nach einem Bericht, der von Aristoteles stammen könnte, eine Spaltung, bei der jede Gruppe für sich in Anspruch nahm, die wahren Nachfolger des Pythagoras zu sein.

In den dadurch ausgelösten Wirren ging die Schule des Pythagoras unter. Einzig in Tarent blühte die Lehre des Pythagoras noch im 4. Jahrhundert v. Chr.

Das Freundschaftskonzept des Pythagoras war umfassend. Eine spätantike Darstellung, die aber auf eine frühpythagoreische Quelle zurückgehen könnte, ist überliefert.

„In herrlicher Klarheit lehrte Pythagoras die Freundschaft aller mit allen:

Freundschaft der Götter mit den Menschen, ausgedrückt durch Frömmigkeit und wissende Verehrung

Freundschaft der Lehren untereinander

Freundschaft der Seele mit dem Leibe.

Freundschaft des Vernunftbegabten mit den Arten der Vernunftlosen durch Philosophie und die ihr eigene, geistige Anschauung

Freundschaft der Menschen untereinander

Freundschaft unter den Mitbürgern durch Gesetzestreue, die den Staat gesund erhält.

Freundschaft Verschiedenstämmiger durch richtige Naturerkenntnis

Freundschaft zwischen Mann und Frau, Kindern, Geschwistern und Hausgenossen.

Freundschaft des sterblichen Leibes in sich selbst, Befriedung und Versöhnung der einander entgegen wirkenden Kräfte, die in ihm verborgen sind...

Dass in allen diesen Dingen der Name „Freundschaft" ein und derselbe ist und sie beherrschend zusammengefasst, hat Pythagoras entdeckt und festgelegt."

Antike Quellen berichten außerdem, bei den Anhängern des Pythagoras herrsche der Grundsatz, dass der Besitz der Freunde gemeinsam sei... Dennoch gibt es Berichte über Pythagoreer mit Privatbesitz, die einander in Notzeiten unterstützten. Privatbesitz wurde nicht verworfen, aber Pythagoras wandte sich gegen Luxus und trat für eine einfache Lebensweise ein.

Zusammenfassung

Pythagoras wurde in Samos auf der Insel Samos vor der kleinasiatischen Küste als Sohn des Mnesarchos, eines eingewanderten, erfolgreichen Kaufmanns gegen 570 v. Chr. geboren und starb 496 v.Chr. in Metapont im griechischen Süditalien.

Zur Zeit des Pythagoras war Samos eine der drei führenden griechischen Städte in Kleinasien. Die Samier gründeten viele Kolonien an der afrikanischen Küste und sollen die ersten Griechen gewesen sein, die durch die Straße von Gibraltar gefahren sind. Die Insel war reich und zahlreiche Künstler arbeiteten auf Samos.

Der junge Pythagoras könnte die Grundlage seines Wissens in

seiner Heimatstadt Samos auf der Insel Samos erworben haben und als Sohn eines wohlhabenden Vaters seine Studien in dem südlich von Samos an der Küste gelegenen Milet fortgesetzt haben.

In Milet lebten und arbeiteten zur Zeit des Pythagoras große Gelehrte:
1. Thales (625 – 547 v. Chr.), Mathematiker u. Astronom
2. Anaximander ((610–546 v.Chr.) Philosoph und Geograph
3. Hekatäos (550 bis 490 v.Chr.) Autor, den Herodot zitierte.

Thales und der athenische Staatsmann Solon (640-560 v.Chr.) zählten zu den „7 Weisen", den wichtigsten Gelehrten in Griechenland. Außerdem gibt es einige Hinweise, die klar auf eine Verbindung zu den keltischen Druiden, beziehungsweise auf einen Aufenthalt des Pythagoras in Pyrene hindeuten, obwohl die keltischen Priester, die Druiden, als auch die Pythagoreer und die Orphiker, die Anhänger des Orpheus, die Einzelheiten ihrer Vorstellungen nur mit Auserwählten teilten.

Hoch gebildet, wirtschaftlich unabhängig und ungeheuer neugierig hatte Pythagoras sicher auch von den reichen Erzvorkommen in dem Gebiet nördlich der gewaltigen Gebirgsketten und von der großen Stadt Pyrene gehört und natürlich auch von der geheimnisumwitterten Gruppe der einheimischen Gelehrten, den Druiden. Die „verrückten Barbaren" der kalten, nördlichen Gebiete waren bestimmt Gegenstand der tollsten Geschichten und Gerüchte in den quirligen Hafenstädten Kleinasiens.

Pythagoras könnte sich einer Fahrt der Phokäer angeschlossen haben, die zu ihren Kolonien Hatria und Spina in der Po-Mündung unterwegs waren.

Der nördlich von Samos gelegene Hafen Phokäa spielte in der Geschichte der Griechen eine wichtige Rolle. Auch von Phokäa aus wurden zahlreiche Kolonien gegründet, darunter das heutige Marseille. Außerdem wurden die, von den „Pelasgern", einem sagenhaften, griechischen Volk, gegründeten Handelsplätze, Spina und Hatria in der Mündung des Flusses Po, von den Phokäern übernommen.

Pythagoras kann die Reise nur als jüngerer Mann angetreten haben, denn 570 v. Chr. geboren, hatte er bis zum Untergang der griechisch geprägten Phase von Pyrene 540 / 530 v. Chr. relativ wenig Zeit... Auf jeden Fall scheint er tatsächlich auf der heutigen Heuneburg (Pyrene) angekommen und dort als Gelehrter von den Herren anerkannt worden zu sein. Dafür spricht eine Reihe von Hinweisen.

Als Erstes ist hier die Bemerkung des Clemens von Alexandria (150 -215 n.Chr.) nennen, der in seinem Werk „Stromata I, XV feststellt: Pythagoras selbst sei „Hörer der Galater und der Brahmanen gewesen."

Mit Galater bezeichnet Clemens sicher die Kelten, denn zur Zeit des Pythagoras gab es noch keine „Galater". Die Bezeichnung „Galater" kam erst im 3.Jahrhundert v. Chr. für die 278 v.Chr. in Kleinasien eingedrungenen keltischen Stämme auf.

Clemens (Titus Flavius) von Alexandria, ein griechischer, christlicher Gelehrter, ist durchaus vertrauenswürdig, denn er war der Leiter der theologischen Abteilung der Bibliothek von Alexandria und hatte in dieser Funktion Zugang zu den kostbaren Schriften und Büchern.

Der Hinweis des Clemens von Alexandria, Pythagoras sei ein Hörer der Galater / Kelten gewesen, bedeutet, er hat bei den Kelten studiert. Als Lehrer kommen nur die Druiden in Frage, denn sie waren die einzigen in der keltischen Gesellschaft, die den Zugang zu dem vermutlich außergewöhnlich umfangreichen Wissen ihrer Völker hatten. Als Ort, an dem überhaupt ein wissenschaftlicher Austausch zwischen Angehörigen beider Völker zur Zeit des Pythagoras möglich erscheint, kommt nur die griechisch/keltische Stadt Pyrene (Heuneburg) in Frage. Pyrene war zu der Lebenszeit des Pythagoras die einzige keltische Stadt, in der Kelten und Griechen einigermaßen friedlich zusammen lebten und arbeiteten.

Ansonsten war das Leben der Kelten ständig durch kleinere oder größere Auseinandersetzungen bestimmt. Der Krieg war der normale Zustand, der Frieden die Ausnahme.

Zweitens sind Hyperboreer zu nennen. In den Geschichten über Pythagoras gibt es immer wieder einen Zusammenhang mit den sagenhaften „Hyperboreern", dem aus der Sicht der Griechen am weitesten im Norden angesiedelten, unbekannten Volk. Zuletzt, als die geographischen Kenntnisse sich immer weiter verbreiteten, bezeichneten sie mit dem Begriff „Hyperboreer" die Kelten nördlich der Alpen und die Bewohner der britischen Inseln.

So berichtet Aristoteles von der Neigung der Pythagoreer, die „Legenden von Aristeas von Prokonnesos, von dem Hyperboreer Abaris und anderen dergleichen" zu glauben. Von dem Hyperboreer „Abaris" erzählt man, dass er mit einem Pfeil in der Hand über die ganze Erde gewandert sei, ohne zu essen. Pythagoras soll ihm den Pfeil abgenommen und sich als der „hyperboreische Apoll" zu erkennen gegeben haben...

Und der Autor Jamblichos (240 – 320 n.Chr.) schrieb, dass die Bewohner von Kroton Phythagoras für den „hyperboreischen Apoll" gehalten hätten. Kroton im griechischen Italien war der erste Ort, in dem Pythagoras sich niedergelassen und eine Schule gegründet hatte.

Drittens gibt es noch eine Überlieferung für die Identität des Landes der Hyperboreer mit dem Land der Kelten. So berichtet Pindar in der Geschichte des Herakles, der den Ölzweig nach Olympia bringt, von „der schattigen Quelle des Istros" im Land der Hyperboreer. Istros ist der thrakische Namen für die Donau.

Viertens gibt es auch für die Anwesenheit einer größeren Anzahl Griechen im Gebiet von Pyrene zwei Hinweise. So schreibt Diodoros, dass Abaris aus Hyperborea zu den Griechen gekommen sei und dass umgekehrt Griechen Hyperborea besucht und dort Weihegeschenke mit griechischen Inschriften hinterlassen hätten. . Diodoros (1.Hälfte 1.Jhd. v. Chr.) / Wikipedia, Hyperborea, Seite 5

In die gleiche Richtung zielt Jahre später der römische Geschichtsschreiber Tacitus, wenn er von griechisch beschriebenen Gedenksteinen berichtet (Zitat): „und etliche Denk- und Grabmäler mit griechischer Schrift gäbe es in der germanisch-rätschen Grenzmark (Schwaben) noch heute. Dies alles mit Gründen zu stützen oder abzuweisen, habe ich nicht im Sinn; man schenke oder versage dem Glauben, wie es jedem beliebt." Tacitus (55-120 n.Chr.), „Germania" Absatz 3

Diese Berichte sind sicher auf die Anwesenheit der Griechen während der Zeit der Lehmziegelmauer von 620 – 540 v.Chr. in dem heutigen Schwaben zurückzuführen, denn Gedenksteine setzen Menschen erst, wenn sie sich länger an einem Ort aufhalten.

Fünftens könnte Pythagoras ein Anhänger der keltischen Religion gewesen sein. So berichten antike Autoren über zahlreiche Übereinstimmungen zwischen den religiösen Überzeugungen der keltischen Druiden und denen der Pythagoreer. Auf jeden Fall scheint Pythagoras als ein anerkannter Kenner der Organisation der Druiden gegolten haben, denn so schreibt Ammianus Marcellinus nach Timagenes, dass im Vergleich mit Barden und Sehern „die Druiden durch ihr Wissen den Sieg davon tragen; das hat Pythagoras als Autorität entschieden."

Auch Valerius Maximus schreibt über die Druiden: „Sie sind von der Unsterblichkeit der menschlichen Seele überzeugt; ich würde sie deswegen für dumm halten, stimmten die Vorstellungen dieser bärtigen Barbaren nicht mit den Ideen überein, die auch Pythagoras, den das Pallium schmückte, vertreten hat." (Valerius Maximus II, 6, 60)

Und Diodor von Sizilien (1. Jhd. v. Chr.) berichtet: „Die Lehre des Pythagoras von der Unsterblichkeit der Seele hat bei ihnen (den Druiden) viel Gewicht."

Es gibt bei den Vorstellungen des Pythagoras viele Gemeinsamkeiten mit denen der Druiden. Das bedeutet, dass Pythagoras über einen längeren Zeitraum einen intensiven Kontakt mit den keltischen Gelehrten gepflegt haben muss. Möglicherweise hat Pythagoras sich den religiösen Bräuchen der Kelten unterworfen. Dafür spricht auch, dass er sich für einen hyperboreischen Apoll ausgegeben haben soll und er von etlichen „Gessa" persönlich betroffen gewesen sein könnte. So war es Pythagoras und seinen Anhängern verwehrt, Bohnen zu essen. Außerdem waren sie Vegetarier.

Ein zentraler Begriff der keltischen Religion ist „Geis", Plural „Gessa". Dabei handelt es sich um ein absolutes Gebot oder Verbot, eine tabuartige, positive oder negative Verpflichtung. Die Nichteinhaltung eines Geis hatte Unglück, Verlust der Ehre oder den Tod zur Folge. Das Geis war in jeder Situation bindend.

Der bekannte russische Spezialist und Autor über den frühen Pythagorismus, Leonid Zhmud schreibt zutreffend: „Der historische Pythagoras war ein Philosoph, der sich um Mathematik, Musiktheorie und Astronomie bemühte und dessen Schüler einschlägige Forschungen durchführten. Es gab keinen spezifisch pythagoreischen Kult und Ritus, die Schule war keine Kultgemeinschaft, sondern ein lockerer Zusammenschluss (Hätairie) von Forschern. Diese waren nicht auf Dogmen des Schulgründers eingeschworen, sondern vertraten unterschiedliche Meinungen."

Nach Zmunds Ansicht kam die Zahlenmystik mit dem Grundsatz „Alles ist Zahl" erst zu Platons Zeit auf, also lange nach dem Tod des Pythagoras.

Dennoch halten viele Autoren Pythagoras für einen Schamanen. Dagegen spricht aber unter anderem die in der Antike weithin anerkannte Überlieferung, der zufolge Pythagoras der Erfinder der Begriffe „Philosoph" und „Philosophie" war. Wie Herakleides Pontikos überliefert, legte Pythagoras Wert auf die Unterscheidung zwischen dem „Weisen" (sophos) und einem nach Weisheit strebenden „Weisheitsfreund" (philosophos). Dabei zählte er sich zu den Philosophen, da nur Gott wirklich weise sei.

Auch der Begriff „Kosmos", als die Bezeichnung für das harmonisch geordnete Weltganze soll Pythagoras eingeführt haben. Die Wissenschaftsthese wird auch von Aristoteles (384 -322 v. Chr.) und Aristoxenos gestützt, welche die Pythagoreer für die Begründer der griechischen Mathematik halten.

Pythagoras neigte zur Geheimhaltung. So hatte er innerhalb seiner Gefolgschaft zwei verschiedene Gruppen eingerichtet, die Eingeweihten und die Anwärter. Die Letzteren mussten sich zwei bis fünf Jahre gedulden, bis sie in diesen inneren Kreis aufgenommen wurden.

Außerdem hatte sich Pythagoras offensichtlich ein „Pseudonym" zugelegt, den Sänger „Orpheus." .Nach dem Zeugnis verschiedener, antiker Autoren, hat Orpheus nie existiert. Nichtsdestotrotz entstand eine Bewegung, die sich auf Orpheus berief, die „Orphiker".

Zwischen den Orphikern und den Pythagoreern gab es viele Gemeinsamkeiten: Die vegetarische Lebensweise, der Glaube an die Gottähnlichkeit der unsterblichen Seele des Menschen, das Verbot gewisser Speisen und dass Verstorbene nicht in wollener Kleidung bestattet werden durften, war beiden Gruppen gemein. Außerdem beschwerten sich später die Anhänger des Pythagoras, als auch des Orpheus, dass Platon (427-348 v.Chr.) bei ihnen abgeschrieben habe und die fremden Lehren für eigene ausgegeben habe.

Ein größerer Gegensatz als ein rationaler Wissenschaftler zu einem Schamanen ist kaum denkbar. Dennoch vereinigt Pythagoras beide so gegensätzliche Eigenschaften in seiner Person.

So spricht vieles dafür, dass Pythagoras über längere Zeit Kontakt mit den keltischen Druiden gehabt hat. Pyrene, die heutige Heuneburg, war zur Zeit des Pythagoras der einzige Ort, an dem Kelten und Griechen längere Zeit friedlich zusammenlebten und arbeiteten.

Außerdem beschäftigte sich Pythagoras mit der Musik und entdeckte die Möglichkeit, durch die Länge einer schwingenden Seite die verschiedenen Töne zu identifizieren.

Auch in Politik und Gesellschaft mischte sich Pythagoras ein. So erreichte er in Kroton eine wichtige Stellung. Die letzten Jahre seines Lebens verbrachter er aber in der Stadt Metapont.

In der Religion sah Pythagoras in den Bewegungen .der Himmelskörper ein Zeichen des Göttlichen. Außerdem war er von der Seelenwanderung überzeugt und glaubte an eine unsterbliche Seele mit göttlichen Eigenschaften..

Das Freundschaftskonzept des Pythagoras war umfassend. Eine spätantike Darstellung, die aber auf eine frühpythagoreischen Quelle zurückgehen könnte, ist überliefert.

„In herrlicher Klarheit lehrte Pythagoras die Freundschaft aller mit allen."

5. Kapitel
Schwäbische Städte
mit griechischen Wurzeln

In der spärlichen Überlieferung, die auf unsere Zeiten überkommen ist, tauchen weitere Städte mit Hinweisen auf einem griechischen Ursprung auf. Einerseits werden sie als Gründungen eines „griechischen" / „trojanischen" Bauherren bezeichnet oder andererseits führen sie in ihrer Geschichte zu einem gewissen Zeitpunkt einen Namen, der aus einem griechischen mit einem keltischen, oder aus einem lateinischen mit einem keltischen Ausdruck zusammengesetzt ist. Auch die Kombination eines griechischen mit einem lateinischen Wort kommt vor. Die Bedeutung für die Griechen in Schwaben ergibt sich in diesem Fall aus dem Sinn der Wortkombination.

Ein Beispiel:

Einer der überlieferten Namen für die alte Stadt Augsburg lautet: „Likatiorum Damasia". Diese Bezeichnung lässt sich in das das Lateinische „Likatiorum" und das Griechische „Damasia" zerlegen. Das lateinische „Likatiorum" ist der Genitiv Plural von „Likatius" und das griechische „Damasia" wird im Deutschen mit „Bändigung" übersetzt.

So lautet also der Ausdruck : „Der Likatier Bändigung"

1   Ettlingen   -
Die erste Stadt in diesem Reigen ist die Stadt Ettlingen.

Ettlingen   -   Posidonopolis

Ettlingen, lateinisch „Oehtlinga" soll von einem Trojaner mit Namen Phorcys lange vor Christi Geburt erbaut worden sein und den Namen Posidonopolis getragen haben. Der Autor des Buches „Merian Schwaben von 1643" beruft sich auf Seite 70 auf den Autoren Abraham Sawer, der in seinem Buch „Theatrio Urbium" auf dem 59. Blatt überliefert, dass ein Irenicus, der aus Ettlingen stammte, genau dies berichtete.

Auch von Pforzheim behauptet er, dass Phorcys die Stadt erbaut habe und diese noch seinen Namen trage.

Die Hinweise auf die Griechen sind in der Person des Trojaners Phorcys und dem Namen Posidonopolis zu suchen. Es ist naheliegend, dass es sich bei Phorcys um eine historische Person handelt, die möglicherweise auch die Lehmziegelmauer auf der Heuneburg erbaut hat. Gesichert ist, dass auf der Heuneburg ein erfahrener Baumeister die Festung mit der Lehmziegelmauer errichtet hat. Die Bauweise der Mauer mit den vorspringenden Bastionen lässt auch den Schluss zu, dass der Baumeister aus dem Kleinasiatischen Raum stammte. Auch der Name Phorcys weist auf Kleinasien hin. Der einzige Kämpfer mit dem Namen Phorcys in der Illias von Homer, war der Anführer der Söldner in Trojanischen Diensten, der Phryger Phorcys aus Kleinasien.

Zitat:
„Abraham Sawer schreibt in seinem Theatrio Urbium am 59. Blat /daß diese Marggräfisch Badische Statt Ettlingen / ...deß Irenici Vatterland sey / der darfür halte / daß der Trojaner Phorcys (so die Statt Pforzheim / ihrem Vorgeben nach / gebawet haben solle /) auch diese Statt / längst vor Christi Geburt / gebawet habe. Es sey / und werde auch diese Stadt Posidonopolis genanndt.

2. Pforzheim
a. Wie die Überlieferung berichtet, soll auch Pforzheim von dem Trojaner Phorcys lange vor Christus erbaut worden sein und der Namen Pforzheim soll auf den Namen Phorcys zurückgehen. Auch der Gelehrte Johannes Reuchlin war der Ansicht, dass der Trojaner Phorcys Pforzheim gegründet hatte.

b. Es ist auch ausgesprochen interessant, was der Autor im nächsten Absatz von der schönen Landschaft an der Mündung der Enz in den Neckar berichtet. Er nennt sie einen Garten in dem die Charitinen gewohnt haben sollen.

Dies ist ein klarer Hinweis auf die Anwesenheit zahlreicher Griechen und die Gründung einer Kolonie. Wenn die Griechen eine neue Pflanzstadt oder eine Kolonie einrichteten, war es üblich, dass man zuerst den bevorzugten Gottheiten in einem heiligen Hain einen Altar errichtete. In diesem Fall handelte es sich um die Chariten/Charitinnen. Es sind die 3 Göttinnen der Anmut, Töchter des Gottes Zeus. Ihre Namen sind:

Aglaia = Glanz, Euphrosyne = Frohsinn und Thalia = Blühendes Glück, Blühende Jugend.

Die Wahl gerade dieser „harmlosen" Gottheiten könnte auch auf eine friedliche Landnahme hinweisen. Hätten die ankommenden Griechen erst um den Platz kämpfen müssen, hätten sie sicher einen etwas handfesteren Gott für ihr entstehendes Gemeinwesen, wie beispielsweise Apollon, gewählt.

Im 19.Jhd.wurde in Pforzheim ein Pferdchen aus Bronze mit Ringöse aus frühkeltischer Zeit (6.-4.Jhd. v. Chr.) gefunden. Andere undefinierte Funde, die vor Jahren auf dem Rathausplatz gemacht wurden, und Reste von Holzbauten, die bei Bauarbeiten der neuen Alfons-Kern-Schule in Pforzheim beobachtet wurden, weisen ebenfalls auf eine keltische Siedlung hin.

Außerdem wurde ein Kultbild (Statue) der Quellgöttin Sirona im gallisch / keltischen Stil gefunden. Das Kultbild könnte in einem Hausheiligtum gestanden oder einen Grabhügel gekrönt haben. Trotz des „niedrigen" Alters, sie stammt aus einem römischen Brunnen aus dem 2. Jhd. n.Chr., ist sie in Form und Ausdruck keltisch.

Zitate:
Aus dem Buch: Merian / Schwaben 1643, Seite 70 und Seite 150

I. …In dem Artikel Ettlingen schreibt der Autor: „Abraham Sawer" in seiner Schrift „Theatro Urbium", dass die „Statt Ettlingen" … „des Irenici (Irenicus, Autor), Vatterland (Heimatstadt) sey, der dafür halte, dass der Trojaner Phorcys so die Statt Pforzheim / ihrem Vorgeben nach, gebauet haben solle / auch diese Statt / längst vor Christi Geburt / gebauet habe. Es sey/ und werde auch diese Statt Posidonopolis genanndt." (Mer. 70)

II. Pforzheim.

Zitat: „Liegt im Hagenschieß/ und den Gränzen des Craichgows / dadurch die Enz/ ein mittelmäßig Wasser fliesset / sogar Fischreich / sonderlich Eschen ist / und fället darbey die Nagolt / und in dieselbe unfern die Wirm / dareyn…Und kompt besagter Fluß Entius (Enz), nicht gar sonders weit von dannen in den Necker; da es eine uber die massen lustige Gelegenheit am Neckerstrom hat / daß man es wol einen Garten nennen kan / darvon die Charitini, so hierumb gewohnt haben sollen / vielleicht ihren Namen bekommen.

Irenicus will / daß Phorcys, der Trojaner / sie erbawet / daher ihr auch der Nahme kommen: Ist aber zubeförchten / die Trojaner seyen hierher nie kommen."

„Deß B. Rhenani Meynung kommt näher zur Sach / welcher sagt: Daß diese Statt vorhin Oreynheim/ vom Wald Hercynia, so die Alten Orcyniam genant / geheissen habe; und daher wird sie auch Porta Hercyniae oder Hercyniae genant / dieweil sie am Eingang / oder Antritt des Schwarzwalds / wann man von Speyer kompt /gelegen…." (Mer 150)

3. Neuenbürg a.d.Enz

Neuenbürg a.d.Enz = Neopyrgum

Der Name Neopyrgum für Neuenbürg ist von dem Verfasser des Artikels über in dem Buch „Schwaben 1643", der Familie Merian Seite 139, überliefert worden und lässt sich auf folgende mögliche Urform zurückführen:

Neo-Pyrgos-Dunum = Neu-Pyrgos-Festung = Festung Neu-Pyrgos

Neo (griechisch) = neu / Pyrgos, griechische Stadt an der Westküste des Peloponnes / .dunum (keltisch) = Festung.

Möglicherweise haben Siedler aus Pyrgos ihre Neugründung nach ihrer Heimatstadt benannt. Dabei könnte es sich um Pyrgos an der Westküste des Peloponnes in der Landschaft Elis gehandelt haben, die von der gleichnamigen Stadt verwaltet wurde. In der Landschaft Elis lag auch das Heiligtum Olympia, in dem alle vier Jahre die olympischen Spiele stattfanden.

In den nachantiken Zeiten wurde Pyrgos irgendwann zur Hauptstadt der „Normachie Achaia" der zwischenzeitlichen Bezeichnung für den antiken Bezirk Elis. Bis 2010 war Pyrgos die Hauptstadt der Präfektur mit dem alten Namen „Elis".

Ein Autor des 19. Jahrhunderts berichtet, dass Pyrgos in der „Normachie Achaia", dem alten und neuen Elis, bis 1825, als die Stadt von den Türken zerstört wurde, die schönste Stadt in dem seit dem 13. Jahrhundert „Morea" genannten Peleponnes gewesen sei.

Einige Kilometer östlich von Pyrgos lag Olympia, das dem Zeus und Hera geweihten Heiligtum, in dem alle vier Jahre, die in ganz Griechenland populären Spiele stattfanden. Olympia war ein heiliger Bezirk, keine Siedlung. Hier befanden sich die Sportstätten und die Tempel der Götter, insgesamt 69. Vor allem aber stand hier der große Tempel des Zeus, mit der von dem legendären Phidias geschaffenen Statue. Man zählte die Statue damals zu den Weltwundern.

Die Eleier waren die Ausrichter der Spiele von Olympia und in Elis trainierten die Athleten, bevor sie in Olympia zum Wettkampf antraten.

Elis hatte schon damals eine lange Geschichte. Schon die Phönizier hatten an der Küste einen Handelsposten unterhalten und die Baumwolle in Elis eingeführt. Auf ihren Einfluss geht auch der Kult der „Aphrodite Urania" zurück, der in der Stadt Elis gepflegt wurde.

Der ägyptische Pharao Amenophis III. führt in seiner Ortsnamenliste Elis unter dem Namen „Wilia" als Handelspartner und Tributgeber auf.

Etwa gleich weit, etwas südwestlich von Pyrgos, befindet sich heute der moderne Hafen „Katakolo". Seine natürliche Lage lässt vermuten, dass dieser Platz schon im Altertum als Hafen gedient hat. Die gebirgige, nach Süden ragende Landzunge, bietet einen natürlichen Wellenbrecher gegen Wind und See aus Westen. Gegen Winde aus Norden war der Hafen durch das Festland geschützt. Die hinter der Landzunge liegende, flache Küste bot sich dafür an, ein Schiff auf den Strand zu schaffen, wie es damals üblich war. Sicher gab es vor dem Strand auch einen sicheren Ankergrund, geschützt vor Wind und Seegang.

Man kann davon ausgehen, dass auch das antike Pyrgos von der Nähe zu Olympia profitierte. In Olympia fanden nicht nur alle 4 Jahre die legendären Spiele statt, sondern hier wurde auch immer wieder gebaut, Tempel entstanden, Statuen wurden vor Ort angefertigt und alle möglichen Dienstleistungen wurden nachgefragt. Die Handwerker mussten schließlich versorgt, die vielen Fremden beherbergt und auch viel Material mit dem Schiff angeliefert werden.

Dass in Pyrgos im Moment keine nennenswerten Hinweise auf eine antike Existenz vorhanden sind, liegt vielleicht daran, dass die Wissenschaft nicht gesucht hat, beziehungsweise nicht über ausreichende Geldmittel für eine ausführlichere Untersuchung verfügen konnte. Allerdings sollen englische Archäologen vor einiger Zeit in Pyrgos erfolgreich gegraben haben.

Die vermutliche Kolonie der Leute aus Pyrgos, Neopyrgum, das heutige Neuenbürg, liegt an der Enz, oberhalb von Pforzheim. Beherrscht wird der Ort durch den „Schlossberg" auf dessen Höhe zwei Bauwerke stehen, das „Neue Schloss" aus der Zeit nach dem 30-jährigen Krieg und das „Alte Schloss", eine Ruine aus dem 16.Jahrhundert. Bedingt durch die beiden Schlossbauten, sind Spuren der vorhergehenden keltischen Siedlung ziemlich verwischt. Dennoch wurden an Nord- und Südhang Reste von vorgeschichtlichen Befestigungen und Terrassierungen festgestellt. Auch fanden die Wissenschaftler an der Nordseite des Schlossbergs frühlatenezeitliche Kulturschichten. Die Siedlung beschränkte sich also nicht auf den eigentlichen Berg, sondern erstreckte sich auch auf den flacheren nördlichen Bereich.

In den 30er Jahren des vergangenen Jahrhunderts fand ein Forscher auf der West- und auf der Südseite des Schlossbergs zahlreiche Tonscherben aus „Latene A"(480-400 v.Chr.) und „Latene B"(400-320 v. Chr.), deren Verbindung mit der älteren Hallstattzeit offensichtlich war. Außerdem fand er ein kleines Depot von Eisengeräten, Amboss, Schlüssel und Tüllenmeißel.

Neueste Funde zeigen, dass südlich und östlich der angenommenen keltischen Siedlung auf dem Schlossberg Eisenerz im großen Maßstab verhüttet wurde. Auf einem Gebiet von 6 km² wurden die meisten der etwa 80 Produktionsareale mit den für die keltische Eisenerzverhüttung typischen Schlackenhalden aus Rennofenschlacken und Teilen der Rennöfen festgestellt. Man schätzt die Schlackenabfälle auf ein Gewicht von etwa 2.000 Tonnen. Dabei fällt auf, dass keine technische Entwicklung festzustellen ist. Zu einem sehr frühen Zeitpunkt setzte im ganzen Gebiet, wohl organisiert und durchdacht die Eisenverhüttung ein, als wenn eine Gruppe von einschlägigen Technikern in einem relativ kurzen Zeitraum die Eisenproduktion organisiert hätte. Auf allen Fundplätzen wurden die gleichen Arbeitsschritte, die Erzaufbereitung, die Verhüttung in den Rennöfen und erste Verarbeitungsschritte der Stahlluppe (des erschmolzenen Stahls) durchgeführt. Nirgends wurden die Spuren weiter gehender Schmiedearbeiten festgestellt.

Auch hat man festgestellt, dass an den Produktionsorten von zwei bis zu zwölf Rennöfen aufgebaut waren, die zum Teil auch gleichzeitig betrieben wurden. Man brauchte also eine ausgetüftelte Logistik, denn das Erz musste aufbereitet und die Holzkohle hergestellt und herangeschafft werden. Es müssen also zahlreiche, erfahrene Arbeitskräfte in der Gegend verfügbar gewesen sein, denn die Öfen wurden lagenweise beschickt, das heißt, Erz und Holzkohle wurden zu gleichen Gewichtsteilen in den Ofen eingefüllt. Man könnte von industrieller Herstellung sprechen. Die Wissenschaftler datieren die Anlagen aus der späten Hallstatt-Zeit bis zur frühen Latene-Zeit. (HaD2 bis Lt A / 530–510, bis 450-380 v.Chr.)

Außerdem finden sich rund um Neuenbürg undatierte Reste von Schlackenhalden der Eisenverhüttung, die möglicherweise wesentlich älter sind, als die bisher untersuchten Anlagen.

Nicht weit von Neuenbürg am Schnaizteich bei Waldrennach wurden 12 keltische, einzigartig gut erhaltene „Rennöfen" gefunden und ausgegraben. Auffallend ist die regelmäßige Anordnung der Öfen in einer Reihe, was auf den gleichzeitigen Betrieb mit hohem Organisationsgrad schließen lässt. Auch in den Bedienungsgruben wurden zahlreiche Funde gemacht. Die Öfen von Waldrennach zählen zu den ältesten Eisenschmelzöfen nördlich der Alpen, die je gefunden wurden.

Die Rennofentechnik war bis etwa Ende des 16. Jahrhunderts das am meisten verbreitete Verfahren zum Gewinnen von Eisen. Dabei handelte es sich um einen Schachtofen mit einem Lehmmantel, der etwas in den Boden eingelassen war. Die Bezeichnung Rennofen beruht darauf, dass die beim Schmelzprozess entstehende, eisenreiche Schlacke aus dem Ofen rann. Das Verb „rennen" entspricht dem heutigen „rinnen".

Der Rennofen wurde abwechselnd mit Erz und Holzkohle zu gleichen Gewichtsteilen beschickt. Außerdem wurde mit einem Blasebalg in Höhe des Bodens, Frischluft eingeblasen.

Nach Abschluss des Schmelzvorgangs blieb im Ofen ein noch mit Schlacke verunreinigter Eisenklumpen, die so genannte Luppe, zurück. Diese Luppe wurde dann anschließend weiter bearbeitet. Um die Schlacke aus dem Klumpen zu entfernen, wurde die Luppe immer wieder zur Weißglut erhitzt und geschmiedet. Dieser Prozess wurde so oft wiederholt, bis die Schlacke und andere Verunreinigungen entfernt waren. Dann wurde das Eisen zu einem Barren geschmiedet, bei den Kelten in der Regel zum Doppelspitzbarren.

Vor diesem Hintergrund scheint es möglich, dass sich Kaufleute aus Pyrgos an der Expedition, von Spina und Hatria aus, nach Norden beteiligt haben. Das Kapital war sicher vorhanden, denn von der Nähe zu Olympia profitierten die ganze Umgebung und besonders die Kaufleute. Die im Gebiet von Neopyrgum angefertigten Eisenbarren könnten nach Süden geschafft und im Mittelmeerraum vertrieben worden sein.

Die Eisenproduktion endete ebenso abrupt in der Frühlatene-Zeit, wie sie noch zur Hallstattzeit begonnen hatte. Der schlagartige Beginn der Eisenproduktion, ohne Zeichen einer Entwicklung spricht für eine Invasion von „außen". Das heißt, Fachleute von anderswo, in diesem Fall Griechen, haben hier die Erze abgebaut und verhüttet.

In den Wirren des Übergangs von der Hallstatt- zur Latene-Zeit haben es offensichtlich einige Personengruppen geschafft, vor Ort zu bleiben und somit den ursprünglichen Ortsnamen zu überliefern. So könnte auch der griechische Namen über die Zeiten gekommen sein.

Möglicherweise handelte es sich um Handwerker aus der Heuneburg, die nach dem Fall der von der Lehmziegelmauer umgebenen Stadt 540/530 v.Chr., hier die Eisenproduktion aufnahmen.

4. Rottweil
Rottweil   -   Erythropolim

In dem Buch „Merian, Schwaben" 1643 zitiert der Autor einen gewissen Glareanus, der in der Schrift „Panegyrico" Rottweil „Erythropolim" nennt. (Mer. 164)

Es ist nicht ganz auszuschließen, dass Rottweil eine keltisch/griechische Vergangenheit hat. Zum einen spricht dafür der bei Merian überlieferte Namen Erythropolym. Zum anderen fand man bei Rottweil-Neukirch eine Gruppe von Grabhügeln. Aus einem der erhaltenen Hügel stammen einige Bronzearmringe aus der jüngeren Hallstattzeit.

Eine mögliche Erklärung bietet sich an: Erythropolim ist im Verlauf der Zeit abgeschliffen worden. Die Urform könnte die griechisch/keltische Wortschöpfung „Erythropolisdunum" gewesen sein. Diese Urform lässt sich folgendermaßen aufspalten:

Erythro-polis-dunum (griechisch/keltisch) = Festung Rote Stadt
Erythr[o]- Vorsilbe, [o] vor Konsonant (griechisch) = rötlich, rot, rot gefärbt
Polis, (griechisch)   = Stadt
Dunum (keltisch)   = Festung

In Rottweil wurden auch einige keltische Nachahmungen eines „Phillip-Statere" gefunden. Bei den Phillip-Statere handelt es sich um Münzen von Phillip II., dem Vater Alexanders des Großen. Die Vorbilder dieser Münzen haben die keltischen Krieger, die in Diensten des Phillip II. von Makedonien, als Söldner in den Krieg zogen, nach Süddeutschland gebracht. Die Münzen sind Nachbildungen und stammen aus der Latene-Zeit. Sie haben also nichts mit den Griechen in Schwaben zu tun.

Auch an der Sage, dass der Name „Rotweyl" auf Überlebende der Schlacht von Vercellae (101 v. Chr.) zurück ginge, könnte etwas dran sein. Die Kelten kämpften in Familien/Stammesverbänden, im alten Irland „Tuath" genannt, unter der Führung ihres Anführers, „Ri" oder „Rix" geheißen. So ein Verband umfasste nicht nur die Familie mit den Nachkommen von 6 bis 8 Generationen sondern auch „Klienten", Gefolgsleute, die dem „Ri" ihre Rechte abgetreten hatten. Außerdem führten sie ihre Familien und ihren Besitz, in der Regel Vieh, mit sich. Natürlich waren auch der, oder bei größeren Verbänden mehrere Druiden, mit von der Partie. Die Druiden waren für die Kelten unverzichtbar, denn sie hielten die Verbindung zu den unzähligen Göttern des keltischen Pantheons, erstellten die wichtigen Ahnengalerien, weissagten und führten die Opfer stellvertretend für die Gläubigen, durch.

Es ist denkbar, dass sich ein solcher Verband aus dem Durcheinander der verlorenen Schlacht lösen und auf Grund seiner zahlreichen Krieger auch durch eine Landschaft mit feindlich gesonnenen Bewohnern bis ins heutige Süddeutschland durchschlagen konnte. Unter Umständen zogen aber auch ehemalige Bewohner der Stadt Erythropolim mit ihnen, die sich einige Jahre vorher den durchziehenden Scharen der Kimbern und Teutonen angeschlossen hatten.

Zitate:
1   Der Autor „Glareanus in Panegyrico nennets Erythopolim."

2   Rotweyl „ Solle so viel / als ein Dorff eines rottirten Kriegsvolcks heissen / und diesen Nahmen von den Cimbris bekommen haben / welche sich hierher / als sie von den Römern erschlagen worden / gesetzt haben sollen.

3   „Hervorzuheben wären zwei Gruppen früher Philliper-Nachahmungen, eine aus Achern Gamshurst die andere aus Rottweil..."(Mer. 164)

5.   Königsbronn   „Laxis"
Königsbronn, ein Kloster im Brenztal   „
Der Name Laxis, die Bezeichnung für eine Quelle, die nicht immer schüttet, ist ein starker Hinweis auf die Anwesenheit von Griechen, ja sogar auf eine von den Griechen hier einst gegründete Kolonie. Das Wort „Laxis" ist im Griechischen der Ausdruck für ein Los

und bezeichnet aber auch das durch ein Los zugeteiltes Grundstück.

So war es bei der Gründung einer Kolonie durch die Griechen üblich, die Grundstücke innerhalb, als auch außerhalb der Siedlung durch das Los unter den Teilnehmern der Stadtgründung zu vergeben. Jeder Teilnehmer erhielt ein Grundstück innerhalb und ein Grundstück außerhalb der Mauern.

Die wirtschaftliche Basis der Siedlung im Raum von Königsbronn war vermutlich die Verhüttung des dort vorkommenden Bohneneisenerzes. Sicher arbeiteten die Griechen mit den örtlichen keltischen Eliten zusammen. Dafür sprechen auch die zahlreichen Grabhügel aus der Hallstattzeit auf der Gemarkung Königsbronn. Bei der Quelle „Laxis" könnte es sich um eine Karstquelle gehandelt haben.

Auch später wurde das Eisenerzvorkommen ausgebeutet. So wurde 1651 wurde der erste Hochofen angefahren, in dem in der Gegend vorkommendes „Raseneisenerz" verhüttet wurde.

Zitat:
Andere sagen / es seyen umb dieses Closter 4 Brünne wie See.
1. des Flusses Brenz / 200 Schritt vom Closter.
2. deß Pfeffers / hundert Schritt / in welchen so ein frembder Fisch geworffen werde / derselbe stracks erblinde.
3. deß Kochers.
4. eines unbenambsten / der doch ins gemein Laxis genandt werde /welcher so er fliesse, eine Thewrung bedeute/

6 Augsburg
Augusta Vindelicorum – Augsburg
Licatiorum Damasia,
Vindelica
Cisara

Von der Stadt Augsburg sind verschiedene Namen, aus unterschiedlichen Zeiten überliefert. Der jüngste Namen, auf den auch heute noch das Wort „Augsburg", wenigstens zum Teil zurückgeht, ist das Lateinische „Augusta Vindelicorum". Es bedeutet das „Augusta" der Vindeliker.

Augusta Vindelicorum

Der Titel „Augusta" wurde von der römischen Verwaltung relativ selten, nur an besonders wichtige Orte, vergeben. Im Falle Augsburgs wurde der Titel sicher noch direkt von dem römischen Kaiser Augustus (31 v. Chr. bis 14 n. Chr.) verliehen. Die Vergabe dieses Titels war an verschiedene Bedingungen geknüpft. So musste zum Beispiel der Stadtplan in Rom eingereicht und von der Verwaltung genehmigt werden.

Es ist wahrscheinlich, dass Augsta Vindelicorum in etwa zur gleichen Zeit mit Augusta Rauricorum - Augst bei Basel / 6 v. Chr und Augusta Praetoria am Südfuß des „Großen St. Bernhard – Passes", heute Aosta, gegründet wurde.

Licatiorum Damasia

Der Name Licatiorum Damasia besteht aus zwei Sprachen – lateinisch und griechisch

Damasia (griechisch)   =   Bändigung
Licatiorum (lateinisch)=   der Licatier (ein Volk der Vindelicer)[Gen. Plr.]

Der Name Licatiorum Damasia bedeutet also „der Licatier Bändigung". Das könnte bedeuten, dass die Stadtgründung durch die Griechen nicht ganz friedlich verlaufen ist. Es könnte auch ein Hinweis auf die Tatsache sein, dass die Licatier damals, etwa 600 v. Chr. schon in der Gegend ansässig waren. Möglicherweise wurden sie erst später von den (zugewanderten?) Vindelikern unterworfen und in den Stammesverband eingegliedert.

Vindelica,

Der Name „Vindelica" für Augsburg könnte auf das urkeltische „Vindus, Vinda…"der/die Weiße oder Blonde zurückgehen. Natürlich bietet sich auch der Stammesname „Vindeliker" an, die von den Quellen der Donau bis etwa Regensburg siedelten.

Cisara

Der Name Cisara und vor allem die Bemerkung des Carolus Stenglius, dass zwischen Wertach und Lech sich nach der Sintflut Japhets Söhne und ihre Nachkommen angesiedelt hätten und an der Stelle des heutigen Augsburg die Stadt Cisara erbaut hätten, weisen in sehr viel ältere Zeiten. Gegen 1200 v. Chr. wurde so manche Siedlung in Süddeutschland verlassen, ohne dass kriegerische Spuren festzustellen waren. Als Erklärung könnte die große bronzezeitliche Wanderung herhalten, als die Menschen, beginnend an den Rändern der Nordsee, einfach nach Süden zogen, bis sie als Teile der „Seevölker" vor Ägypten ankamen. Die Wanderung wurde durch eine gewaltige Sturmflut ausgelöst, die zum Ende einer 300 jährigen Dürre- und Hitzeperiode in der Nordsee tobte. Das ganze Vorland, in etwa ab der heutigen 20-Meter-Tiefenlinie bis zur heutigen Schleswig-Holsteinischen Küste wurde von der Flut hinweg gespült.

In Ägypten gibt es dazu zahlreiche Hinweise. In einem Text des Tempels von Medinet Habu für Pharao Ramses III. lässt der Pharao den Gott Amon-Re-Harakhte von den Nordleuten sagen: „Da ich mein Antlitz nach Norden wandte tat ich ein Wunder für dich." (für Ramses III) Und einige Zeilen später: „Ich veranlasste, dass sie sehen konnten deine Macht und die Macht des Nun (Nun = das Weltmeer, das um den großen Erdkreis fließt) da er ausbrach und in einer Woge von Wasser Städte und Dörfer verschlang."

Auf einer anderen Tafel in Medinet Habu berichtet Ramses III von der Vernichtung der Nordleute: „Ihr (der Nordvölker) Land ist nicht mehr…" „ihre Inseln sind vom Sturm ausgerissen und weggeweht", ihre Hauptstadt ist vernichtet."

Es könnte sich auch um eine „Tsunami-Welle" gehandelt haben, die mit einer Höhe von 18 Metern alles unter sich begrub. Dafür spricht auch die Tatsache, dass die Kronen der versunkenen Bäume, wie der Geologe Wildfang Anfang des 20. Jahrhunderts bei Bohrungen festgestellt hat, nach Osten gerichtet sind. Das deutet darauf hin, dass sie durch eine Sturmflut und / oder eine Tsunami-Welle aus Westen umgeworfen wurden.

Als die Römer gegen 15 v.Chr. das Alpenland eroberten hatten sie gewaltige Probleme bei der Eroberung der Gegend um das heutige Augsburg. So wurde nach der Überlieferung die römische Legion Martia unter T.Annius Praetor von den Stadtfürsten Habbinone und Caco der Stadt „Damasia Licatiorum" und deren Truppen geschlagen.

Auch soll Augsburg vor der Eroberung durch die Römer den alten Namen Vindelica oder Cisara geführt haben, wie ein antiker Autor und Abt („gewester Abt von Anhusen) in einer alten Chronik gelesen haben will. Danach hat der Autor Carolus Stenglius geschrieben, man hätte in der Stadt Chroniken gefunden in denen berichtet worden wäre, dass Japhets Söhne (Juden aus Kleinasien) nach der Sintflut, in das Gebiet zwischen Wertach und Lech eingewandert seien und die heutige Stadt Augsburg gegründet hätten. Sie hätten sie Vindelica oder Cisara genannt. Diesen Namen hätte die Stadt bis zur Niederlage der Raeter gegen die Römer im Jahre 12 v. Chr. behalten.

Zitate:
1. Diese der Licatier Vindelicier Haupt-Statt / so Licatiorum Damasia / vor Zeiten geheißen / haben die Römer eyngenommen / und hierher ein Coloniam, oder Römische erbawende Menge / oder Außschuß / 12. Jar / zween Monat/ un sieben und zwanzig Tag / vor Christi Geburt / geführet: Und bekame sie vom Kayser Augusto / den Namen Augustae, nämlich / der Vindelicier od'/ Vindelicorum, eines Illyrischè Volcks / so von dem Ursprung der Thonaw an / biß nach Passaw / an der Thonaw / gewohnet haben / und die wider in underschiedliche Nationen getheilet gewesen/ unter welchen die Licates, oder obbesagte Licatii an dem Lech gesässen seyn.

2. „…underschiedliche Meynungen seyn: Auch theils nicht zugeben wollen / daß T.Annius Praetor, mit seinen Römern / oder der Legione Martia, (daher sonsten etliche den Namen führè wollen/) von

der Statt Fürsten Habbinone und Caco, erlegt worden seye / sondern er werde darumb der Berlach genannt..."

3. „... / und es also nit eben ein Zirbelnuß in specie seyn / oder von der Göttin Cybeles oder Cysae Bildnuß (welche / ob sie die Augspurger verehret haben mögen / noch ungewiß ist) oder des Drusi Grabmal herkommen muss."

4. Vor der endgültigen Eroberung von Augsburg durch die Römer im Jahre 12 v. Chr. haben sich die Bewohner wie Stengelius, ein antiker Autor und Abt („gewester Abt von Anhusen, Mer. 18) in einer alten Chronik gelesen haben will:

„...daß Carolus Stengelius im ersten Theil seiner Augspurgischen Händel / am I. Capitel / sagt/ daß man in der Statt Chroniken finde / daß / für Uralten Zeiten / die Aborigines diese Gegend zwischen der Wertach / und dem Lech / besessen / nämblich deß Japhets Söhne / und Nachkommen / so sich nach der Sündflut hierher begeben / allda eine Statt gebawet / und dieselbe entweder Vindelicam oder Cisaram, geheissen hätten / biß hernach im 12. Jahr vor Christi Geburt / als die Römer die Rhaeter überwunden.

5. die Licatier, so um den Fluss Lech wohnten, und einen Teil der Vindelicier ausmachten, haben sie zu einer Festung erbauet, da sie denn im Anfange nach Cluverius Meynung „Damasia" geheißen, wie wohl Marcus Verserus die Spuren Damasiae oberhalb Augsburg gegen Süden bei dem Flusse Vindone gefunden zu haben vermeinet. Zedler Band 2, Seite 1112 - 1114

7. Dornstetten   Acanthopolis   Mer. 61

Dornstetten und Acanthopolis sind identisch. Acanthos (griech.) bedeutet „Bärenklau" und „Dorn". Das Wort „Polis" (griech.) heißt im Deutschen „Stadt". So bedeutet Acanthopolis im Deutschen Dornstadt oder Dornstetten.

Dornstetten / Dornstat – Acanthopolis.... liegt „oberhalb Horb / im Schwarzwald, nahe Nagolt / und Alpersbach gelegen"

Der einzige Hinweis auf eine mögliche griechische Vergangenheit von Dornstetten ist der Namen „Acanthopolis" = Dornstadt / Dornstetten. Überliefert wurde der Namen „Acanthopolis" von einem der Autoren des Buches „Merian Schwaben 1643."

Außerdem gibt es in dem Stadtteil Hallwangen ein historisches Silber-, Kupfer- und Schwerspatbergwerk. Man nennt es das „Himmlisch Heer". Der Ausdruck „Himmlisch Heer" geht auf eine Vorstellung der Kelten zurück, aber auch die Germanen glaubten daran, dass in bestimmten Nächten, den Tagen zwischen Weihnachten und Neujahr, die in der Schlacht gefallenen Krieger mit einem Höllenlärm durch die Lüfte reisen. Wikipedia, Dornstetten S.4

Auch wenn keine tatsächlichen Hinterlassenschaften der griechischen Kolonisten gefunden wurden, spricht doch außer dem griechischen Namen auch die Existenz des historischen Bergwerks für ihre Anwesenheit. Die reichen Erzvorkommen im Schwarzwald hatten die Griechen offensichtlich angelockt, denn viele Siedlungen liegen in der Nähe von Erzvorkommen.

Der Ort Dornstadt liegt nördlich von Ulm und ist nicht mit Acanthopolis identisch.

8. Nagold

Auf dem Schlossberg wurden zahlreiche Scherben aus der Hallstattzeit, 800-450 v. Chr. und der frühen Latenezeit (450-250 v. Chr) gefunden. Ein großer Teil der Keramik wurde offensichtlich mit der Drehscheibe hergestellt. Sicher waren Erzvorkommen im Schwarzwald die Basis für die wirtschaftliche Existenz der keltischen Siedlung. Außerdem liegt in der Gemeinde ein keltischer Grabhügel, genannt „Krautbühl".

Ein digitales Geländemodell (LIDAR-Scan) zeigt vermutliche Wallreste nördlich der Burgruine Hohennagold. Auch mögliche Terrassierungen am Südhang könnten auf eine frühe Befestigung hinweisen.

Bisher gibt es in Nagold keine Hinweise auf Anwesenheit griechischer Kolonisten, allerdings deuten die Lage der Festung auf dem heutigen Schlossberg als Akropolis, eine mögliche Vorstadt, das Metallvorkommen in der Nähe und der Grabhügel „Krautbühl" auf die Existenz einer keltischen Elite hin. Da in der ganzen Umgebung zahlreiche Hinweise auf Griechen, bis hin zu dem Heiligtum der Chariten an der Nagold vorhanden sind, besteht durchaus die Möglichkeit, dass auch auf dem Schlossberg eine keltische Dynastie herrschte, die zum gemeinsamen Nutzen mit einer ansässigen Gruppe Griechen - Händlern, Priestern, Handwerkern und anderen Fachleuten zusammenarbeitete.

Eine weitere Höhensiedlung könnte sich auf dem „Rudersberg" in einer Schleife der Nagold befinden. Ein Zusammenhang mit den Bergbaurevieren bei Neubulach scheint möglich.

9.. Ulm

Ulm = Alcimoennis / Samulocenis

Alcimoennis lässt sich zerlegen in: Alci – moennis könnte sich aus dem griechischen „alkimos" (stark, mutig) und dem lateinischen „moennia" entwickelt haben.

Alkimos – stark, mutig (griechisch)
Moennia – Stadtmauern, einzelner Mauerdamm, (lateinisch)

Alkimos-Moennia könnte ursprünglich „starke Stadtmauer, Befestigung, Burg" bedeutet haben. Dazu passt die keltische Gewohnheit den Ortsnamen aus zwei Sprachen zu bilden. In diesem Fall würde es sich um die Kombination von griechisch, „alkimos" im Laufe der Zeit verschliffen zu „alci" und lateinisch „moennia" handeln. Möglicherweise hat sich der Name in der jetzigen Form erst zur römischen Zeit gebildet, wobei von dem ursprünglich griechisch / keltischen Ortsnamen nur der kümmerliche Rest übrig geblieben ist.

Nach neuesten Forschungen ist das Alcimoennis des Ptolemaeus aber mit Sontheim an der Brenz, etwa 28 km nordöstlich von Ulm (Luftlinie) entfernt, identisch. Damit ist ein Zusammenhang mit Ulm eher unwahrscheinlich. Der zweite überlieferte Namen für Ulm ist Samulocennis -

Es könnte ein Zusammenhang mit dem griechischen ‚samos' – Anhöhe geben. Im Zedlerschen Lexikon von 1735 erscheint Ulm als „Samulocenae"

Samulocennis erinnert an den keltischen Namen der Stadt Rottenburg, „Sumelocenna" = „Leute des Sumelo" (vermutlich). So ist es denkbar, dass „Samulocenis" ursprünglich „Samulocenna" = „Leute des Samulo" geheißen haben könnte.

3. Möglicherweise wurde Ulm in den Jahren 345 – 352 zur Stadt erhoben.

4. Der Verfasser des Artikels im „Zedler" Band 49, Seite 386-388 meint zu Ulm, dass der Name „Ulm" von den alten Völkern, den Hulmigeriern, Bructerern oder Preussen, die sich in der Gegend niedergelassen hatten, stammen könnte. Wie er schreibt, wurde die Stadt Ulm in alten Chroniken öfter als „Hulma" denn als „Ulma" bezeichnet.

Zitate:
Der Verfasser schreibt in Merian Schwaben von 1643: „Woher dieser weitberühmbte ReichsStatt Nahmen kommen / und wer sie erbawet habe / darinn seyn die Gelehrte nicht einerley Meynung. Philippus Cluverius, und Renerus Snoius Goudanus wollen / daß sie vor Zeiten Samulocenis und beym Ptolemaeo Alcimoennis sey genannt worden." Nach den neuesten Ergebnissen der Wissenschaft ist der Ort Alcimoennis aber mit dem heutigen Sontheim a. d. Brenz gleich zu setzen.

3. "Es wollen Theils / daß zwischen den Jahren Christi 345 und 352 sie zu einer Stadt sey gemacht worden…"

4. „Oder sie hat, welches vielen fast noch glaublicher, die Bennennung von den alten Völkern Hulmigeris, Bructeris oder Preussen, welche sie alda nieder gelassen, bekommen, und will man solche

daher wahrscheinlich machen, weil man in alten Urkunden eher Hulma als Ulma geschrieben antrifft. Von ihrem Alterthum sind bey den Geschichtsschreibern verschiedene Spuren anzutreffen.

Seb. Francus giebt vor, daß Ulm schon lange vor Christi Geburt ein Dorf gewesen; allein es ist dieses nicht so erweislich, als dasjenige was Merian meldet, wie nehmlich Ulm zwischen 343 und 352 zu einer Stadt geworden. Denn da wird ihrer 346 im Theatro Urbium als einer Stadt gedacht.

Wiewohl sich einige daran stossen, daß Karl der Grosse in dem Donations-Diplomate an den Abt zu Reichenau bey dem Crusius die Stadt Ulm villam regiam, nennet, welches man vor ein Dorf hat ausdeuten wollen, da man doch findet, daß villa regia in alten Urkunden eine Königliche und niemand als dem Reiche unterworfene Stadt, nicht aber ein Dorf bedeutet. Der Diploma des Kaysers über sothane Donation ist wohl wert, daß es hier stehe, und lautet von Wort zu Wort also: (lateinischer Text) Es gibt für Ulm keinen Hinweis auf einen griechischen Ursprung,

10. Plochingen, (Blochingen) = Comopolis

Blochingen, heutige Schreibweise Plochingen, liegt am Neckar, südöstlich von Stuttgart, zwischen Esslingen und Kirchheim unter Teck. In dem Namen „Comopolis" steckt auf jeden Fall das griechische Wort „polis" = Stadt.

Der Platz war nach Funden schon am Ende der Bronzezeit von Kelten besiedelt. Spuren, die sich mit Griechen in Verbindung bringen lassen, wurden außer dem Namen nicht festgestellt.

11 Zurzach   Tenedo

Zurzach könnte den alten Namen „Tenedo" von den Griechen nach der Insel „Tenedos" erhalten haben. Die Insel Tenedos vor den Dardanellen wird in der Ilias von Homer mehrfach erwähnt.

In Zurzach wurden im Jahr zwei Handelsmessen abgehalten, die zu den bekanntesten in Deutschland gehörten.

Zitat:

„Was aber sonderlich diesen Flecken berühmt macht, sind solches ihre beiden Messen, welche unter die berühmtesten und ahnsehnlichsten in Deutschland gehören, und nicht nur von den Eydgenossischen sondern auch von vielen Deutschen und Französischen Kaufleuten besucht werden.

Die erste fällt auf Trinitatis... so fängt sich die erste den Pfingst-Dienstag zu Mittage in der Trinitatis-Woche wieder, die andere oder Verona-Messe nimmt ihren Anfang auf Ludwig oder den 25. August und währet bis den 2.September" (In Folge Zahlungsmodi und verschiedene Wechselkurse.

Eine Meile unterhalb von Zurzach mündet die Aare bei dem Ort Coblenz in den Rhein. Zwischen Coblenz und Zurzach liegt im Rhein eine Felsbarriere mit einem kleinen Durchlass. Bei Hochwasser fließt das Wasser in der ganzen Breite über die Felsbarre. Bei niedrigem Wasserstand läuft das Wasser durch einen kleinen Durchlass, durch den kleine Fischerboote hindurchfahren können. Zu dieser Zeit legen die Zurzacher ein Brett über den Durchlass und können so trockenen Fußes auf die andere Rheiseite gelangen.

Einen Hinweis eine griechische Vergangenheit könnte der alte Name „Tenedo" von Zurzach liefern. In der Ilias berichtet Homer von der Insel „Tenedos" vor den Dardanellen.

Weitere Orte mit möglichen griechischen Einflüssen

Mitte 5.Jhd. war die Zeit der Fürstenburgen zu Ende. Die Heuneburg ging in Flammen auf (470 v.Chr.) und der Mont Lassois wurde aufgegeben. Die Hallstattzeit war vorüber, wenn auch noch im Bereich Hohenasperg und Ütliberg (Schweiz) fürstliche Prunkgräber angelegt wurden. Diese Entwicklung markiert den Beginn der „neuen Zeit", der Latene-Zeit.

Die meisten Latene-zeitlichen Prunkgräber sind Körpergräber, die in ihrer Mehrzahl nördlich von Donau und Neckar angelegt wurden. Die neue Zeit zeigt sich im Stil der Beigaben, der sich gegenüber der Hallstattzeit deutlich verändert hat. Der vierrädrige Wagen wurde durch einen Zweirädrigen ersetzt. Auch die Bewaffnung änderte sich. Statt mit Dolch, Angelhaken, Jagdwaffen und Birkenhütchen, wurden die Verstorbenen wieder mit Kriegswaffen, Schwert, Schild und Lanze beigesetzt.

Auch die Handelsverbindungen hatten sich geändert. Statt aus den griechischen Kolonien von Massalia (Marseille) und Umgebung, stammt das in den Gräbern angetroffene Metallgeschirr aus dem etruskischen Norditalien. Der Zeitraum lässt sich auf die Jahre zwischen 475 und 350 v.Chr. eingrenzen.

Im 4.Jhd. v. Chr. setzte sich allmählich die Sitte durch, die Verstorbenen in Flachgräbern zu bestatten.

Im 3.Jhd. v.Chr. kam es zu einem erneuten Wandel. Die Verstorbenen wurden verbrannt und in Brandgräbern beigesetzt.

Aus dem 2. und 1. Jhd. v.Chr. sind fast keine Gräber mit Beigaben bekannt. Stattdessen häufen sich in Siedlungen und Heiligtümern menschliche Knochen.

Hohenasperg, keltischer Fürstensitz

Der Hohenasperg war nach neuesten Keramikfunden (2012) vom 6. bis zum 4. Jahrhundert v. Chr. besiedelt und erreichte ab etwa 550 v. Chr. eine größere Bedeutung

Das mittlere Neckartal und die Umgebung waren im 7. bis zur 1. Hälfte des 6.Jahrhunderts v.Chr. mit vereinzelten, gehöftartigen Anwesen bebaut. In der Mitte des 6.Jahrhunderts v.Chr. kamen andere Bauformen auf. Auf neuen Plätzen entstanden größere Ansiedlungen, die sich auch in der Bauart von den vorigen Gehöften unterschieden.

Zahlreiche Vorratsgruben belegen eine neue Vorratshaltung, eingetiefte Grubenhäuser dienen Handwerkern als Wohn- und Arbeitsstätten. Briquetagegefäße, die für den Transport von Salz und zum Salzsieden benutzt wurden, belegen einen gewachsenen Bedarf an Salz. Salz war nicht nur ein Lebensmittel sondern wurde auch für die

Konservierung von Lebensmitteln benötigt.

Etwa ab Mitte des 5. Jahrhunderts v.chr.wurden die bestehenden Ansiedlungen Stück für Stück verlassen und durch kleinere, locker über das Land an Neckar und Enz verteilte, Gehöfte ersetzt.

Lemberg,

Eine weitere Höhensiedlung, Lemberg im heutigen Stuttgart-Feuerbach, machte dem Hohenasperg um die Mitte bis Ende des 6.Jhd.s vermutlich kurzzeitig Konkurrenz. Aber nach zwei Generationen hatte die Anlage ihre Bedeutung verloren. .

Ipf, Zeugenberg, mit zahlreichen Befestigungsanlagen,

Im 6.und 5. Jhd.v.Chr. erlebte der keltische Fürstensitz auf dem Ipf seine Blüte. Über etwa 100 Jahren gehörte die Festung auf dem Ipf zu den führenden Fürstensitzen in Europa und unterhielt eigene Handelsbeziehungen mit Italien.

In der 1.Hälfte des 5.Jhd. v.Chr. kam im Zusammenhang mit dem Untergang von Heuneburg und vergleichbaren Anlagen wie dem Mont Lassois zu einem Bedeutungszuwachs bei den nördlich gelegenen Festungen wie Hohenasperg, Ipf und anderen.

Am Beginn der Latene-Zeit im 5.Jahrhundert wurde die Siedlungsfläche verkleinert und auf dem in der Hallstattzeit besiedelten Areal eine keltische Pfosten/Schlitzmauer auf einem Steinwall errichtet.

Zwischen Ipf und Goldberg, zu Füßen des Ipf, wurden vier Rechteckshöfe und mehrere Grabhügel festgestellt. Die Rechteckshöfe stammten aus dem späten 6. und 5. Jahrhundert v.Chr. Offensichtlich waren sie einige Generationen lang besiedelt, wie die verschiedenen Bauphasen zeigen.

Im Rechteckshof Bugfeld befand sich ein imposantes Gebäude mit einem Grundriss von 15x15 Metern, das in den Jahrzehnten kurz nach 500 v.Chr. abgerissen und mit 50 Tonnen Steinen abgedeckt wurde. Das bedeutet, das Gebäude wurde rituell begraben, denn offensichtlich hatte das Gebäude eine religiöse, kultische Funktion. Bei den Ausgrabungen fand man zahlreiche Relikte aus Glas, Metall, Bernstein und Keramik, die aus der späten Hallstatt- und frühen Latene-Zeit (520-450/30) stammten.

Bei den Rechteckhöfen liegen zwei Grabhügel. Der kleinere Hügel, Durchmesser 22 Meter, enthielt das Brandgrab einer Dame in einer hölzernen Grabkammer mit zahlreichen Keramiken. Das Grab konnte auf die Zeit um 620 v.Chr.datiert werden und ist wohl dem Goldberg zuzuordnen.

Goldberg
Östlich des Ipf liegt der Goldberg, der ebenfalls eine befestigte Siedlung trug. 1911-1929 führte Gerhard Bersu umfangreiche Grabungen auf dem Goldberg durch und fand mehrere Siedlungen vom Neolithikum bis in die frühkeltische Zeit. Aus der Hallstattzeit fand er die Reste einer, das Plateau umgebenden Holz/Erde-Mauer und zwischen der Bebauung einen umfriedeten Bezirk mit 40x50 Meter Seitenlänge und mit einer eigenartiger Bebauung aus großen Pfostenbauten

Mit dem Aufstieg der auf dem Ipf liegenden Siedlung, verlor der Goldberg an Bedeutung. Um 540 v.Chr. kam es auf dem Goldberg zu einem Siedlungsabbruch, das heißt, der Goldberg wurde von seinen Bewohnern verlassen.

Kapf, Keltische Siedlung
Wehranlage aus der Hallstattzeit, 551 v. Chr.
Die Siedlung war der Sitz des Fürsten, der vielleicht im Grabhügel „Magdalenenberg" bestattet worden ist. Zwei Wall/Grabensysteme, ein inneres und ein äußeres. Bei dem inneren Grabensystem handelt es sich um eine mittelalterliche Anlage, während das Äußere einen Teil der keltischen Wehranlage repräsentiert.

Außerdem schützten zwei Abschnittsbefestigungen die Anlage. Ein Zusammenhang zwischen dem Grabhügel „Magdalenenberg" und die Hallstatt-Siedlung auf dem Kapf ist in Fachkreisen umstritten.

Magdalenenberg bei Villingen
Der Grabhügel wurde nach 616 v.Chr. aufgeschüttet, wie bei einer dendrochronologische Untersuchung der bei der zentralen Grabkammer verbauten Eichenstämme festgestellt werden konnte. Gegen 500 v.Chr. wurde das Zentralgrab geplündert, wie die Untersuchung eines Spatens der Grabräuber ergab. In und um den Hügel fanden sich mindestens 126 Nachbestattungen, die alle aus HaD1 / 620 – 530 v.Chr. datierten. Wikipedia Magdalenenberg 05.06.2016

Möglicherweise kam es an der Schwelle vom 7. zum 6. Jahrhundert v.Chr. bei den Kelten zu einer Änderung der Kampftechnik. In den Gräbern verschwand das Schwert und wurde in einigen Gräbern durch 2 bis 3 Lanzen ersetzt. Das könnte bedeuten, dass der Schwertkämpfer durch eine Phalanx, eine Reihe von Lanzenträgern, ersetzt wurde.

Mont Lassois Blütezeit 520-480 v.Chr. (Frankreich)

Zeittafel für Mitteleuropa
Wikipedia 25.03.12
Welt der Kelten
1300 v. Chr. – 568 n.Chr.

Urnenfelderzeit   1300 – 700 v. Chr.
Kulturelle Einheit, Ost-Frankreich bis Ungarn, von Nord – Italien bis Polen. Kennzeichen: Verstorbene wurden eingeäschert und in Urnen auf genau begrenzten Friedhöfen beigesetzt.   KdK 54

BzD	Broncezeit D	etwa 1300-1200 v. Chr.
Ha A1	Hallstattzeit A1	etwa 1200-1100 v. Chr.
Ha A2	Hallstattzeit A2	etwa 1100-1050 v. Chr.
Ha B1	Hallstattzeit B1	etwa 1050- 950 v. Chr.
Ha B2	Hallstattzeit B2	etwa 950- 880 v. Chr.
Ha B3	Hallstattzeit B3	etwa 880- 800 v. Chr.

Mitteleuropäische Eisenzeit

Hallstatt-Zeit
Ha C	800 – 620 v.Chr.
Ha D	620 – 450 v.Chr.
Ha D1	620 – 530 v.Chr.
Ha D2	530 – 510 v.Chr.
Ha D3	510 – 450 v.Chr.

Laténe-Zeit
Lt A	450 – 380 v.Chr.
Lt B	380 – 250 v.Chr.
Lt B1	380 – 320 v.Chr.
Lt B2	320 – 250 v.Chr.
LT C	250 – 150 v.Chr.
Lt C1	250 – 200 v.Chr.
Lt C2	200 – 150 v.Chr.

LT D	150 -	15 v.Chr.
Lt D1	150 -	60 v.Chr:
Lt D2	60 -	0 v.Chr

Römische Kaiserzeit   15 – 476 n.Chr.

Römische Kaiserzeit	B1	0 – 50 n.Chr.
	B2	50 – 150 n.Chr
	C1	150- 200 n.Chr
	C2	200- 300 n.Chr.
	C3	300- 375 n.Chr.
Völkerwanderung	D	375- 568 n.Chr.
Römische Kaiserzeit		15 – 476 n.Chr.
Frühes Mittelalter	um	500 n. Chr.

Anmerkungen

Abkürzungen:

Schl. I WG Seite = Schlossers Weltgeschichte, Band ..., Seite...
Wiki = Wikipedia
Zedler = Johann Heinrich Zedlers Grosses vollständiges Universallexicon aller Wissenschaften und Künste 1735 / 2012 (Google Books)

Merian Schwaben = Topographia Sueviae 1643, Neue Ausgabe 1960, Bärenreiter – Verlag, Kassel u. Basel

1.Kapitel
Seite 9 Der Dichter Apollonios (295 -215 v.Chr.) stammte von der Insel Rhodos und reiste nach Alexandria, dem damaligen Ort der Wissenschaft mit der größten Bibliothek des Altertums. In Alexandria traf er den Dichter Kallimachos aus Kyrene. In den Jahren 275-270 v. Chr. vertraute man Apollonios die Ausbildung des späteren Herrschers Ägyptens Ptolemaios III und die Leitung der großen Bibliothek an. Apollonios verfasste das alte, wahrscheinlich schon Homer bekannte Epos, in vier Büchern neu. : „Apollonios von Rhodos, Die Fahrt der Argonauten,"
Zitate:
Er schreibt weiter: „Und aus diesem heraus fuhren sie also in sturmumtoste Seen hinein, die sich unsäglich über das Festland der Kelten ausbreiten. Da wären diese in jämmerliches Unheil geraten. Denn ein Ausfluss führte in eine Bucht des Okeanos, in den sie ohne es vorher zu bemerken, einlaufen wollten, von dort hätten sie sich nicht mehr zurückretten können." [640]
„Doch Hera sprang vom Himmel herab und schrie von der Herkynischen Klippe herunter und von dem Schrecken vor diesem Ruf wurden alle in gleicher Weise erschüttert.... Und sie kehrten unter Einwirkung der Göttin wieder zurück und erkannten so den Weg, auf dem es für ihre Fahrt auch eine Heimkehr gab." [645]
In der Folge lässt Apollonios dann die griechischen Seefahrer unter dem Schutz der Göttin Hera „...zehntausend Völker der Kelten und Ligyer unangefeindet durchqueren. Denn rings um sie goss die Göttin jeden Tag einen unheimlichen Nebel aus, so lange sie unterwegs waren. Und nachdem sie nun mit ihrem Schiff durch die Mündung ganz in der Mitte eingelaufen waren[650] landeten sie auf den Stoichaden Inseln." / „Apollonios von Rhodos, Die Fahrt der Argonauten," Reclam / ISBN 978-3-15-018231-4, 4. Buch Vers 630-650
Seite 10 Isteiner Klotz Wikipedia, 07.01.2014 , / www.baselinsider.ch)
Seite 10/11 Hermann Schäfer, „Badische Heimat 35 (1955) Seite 187, 188, schreibt über die Veränderungen des Rheins durch die Begradigung,

Seite 12 *Tenedo / Zurzach* die Römer übernahmen nach der Schlacht bei Bibracte 58 v. Chr. das heutige Zurzach und auch den alten, keltischen Namen „Tenedo" / wikipedia.org/wiki/Bad_Zurzach 06.11.2010 / Die Kelten in Baden Württemberg, ISBN 3 8062 0211 7 Seite 25

Seite 12 Rheinfall bei Laufenburg, Merian, Elsass 1663 / Neue Ausgabe 1960, Bärenreiterverlag Kassel und Basel, Seite 30

Seite 12 *540 v.Chr.* Seeschlacht bei Alalia (Korsika) in der die griechischen Schiffe gegen die Phönizier unterlagen. In der Folge war die Straße von Gibraltar für die Griechen gesperrt. / „Die Kelten", M. Kuckenburg, ISBN 978-3-8062-2274-6, Seite 39

Seite 13 Der Laufffen bei Zurzach, Merian, Schweiz 1654 / Neue Ausgabe 1960, Bärenreiterverlag Kassel und Basel, Seite 59

Seite 13 Caesar über den *Gebrauch der Schrift bei den Helvetiern,* / Caesar, de bello Gallico 1,29

Seite 14 Sueben dulden Händler auf ihrem Gebiet, unter anderem, weil diese ihnen unter anderem die Beute aus den zahlreichen Kriegszügen abnahmen. / Caesar, de bello Gallico 4, 1-3

Seite 14 Wie Caesar berichtet, war es bei den Kelten üblich, dass *„kein Sohn vor seiner Reise zu den Kriegsdiensten öffentlich Zutritt bei seinem Vater hat, und dass es bei ihnen eine Schande ist, wenn man ein Kind im Knabenalter außer dem Hause an der Seite seines Vaters sieht."* / Caesar, de bello Gallico 6, 18

Seite 14 Auch war dies die Zeit der keltischen Wanderungen und Kriegszüge. So schreibt *Diodor,* über den Kelten *Brennus,* der mit seinen Kriegern bis Delphi gezogen war: „Als Brennus, der Keltenkönig, (279 v.Chr. in Delphi) beim Betreten eines Tempels statt Weihegaben aus Gold und Silber nur Standbilder aus Stein und Holz vorfand, brach er in Gelächter darüber aus, dass man diese im Glauben an eine menschliche Gestalt der Götter dort aufgestellt hatte. / Diodor, 22, „Die Kelten", M. Kuckenburg, ISBN 978-3-8062-2274-6, Seite 128

Seite 14 Keltische Ausdrücke zusammen mit Ausdrücken anderer Sprachen als Bestandteil von Ortsbezeichnungen, „Die Kelten", Gerhard Herm, ISBN 3 499 17067 1, Seite 167, / Jean Markale, Die keltische Frau, IBN 3-88167-111-0, Seite 16, 17

Seite 15 Ettlingen / Merian, Schwaben 1643 / Neue Ausgabe 1960, Bärenreiterverlag Kassel und Basel , Seite 70

Seite 15 Pforzheim / Merian, Schwaben 1643 / Neue Ausgabe 1960, Bärenreiterverlag Kassel und Basel , Seite 150

Seite 15 Neuenbürg, a.d. Ems / Merian, Schwaben 1643 / Neue Ausgabe 1960, Bärenreiterverlag Kassel und Basel, Seite 139

Seite 15 Ulm, Merian, Schwaben 1643 / Neue Ausgabe 1960, Bärenreiterverlag Kassel und Basel , Seite 199

Seite 15 Blochingen, Merian, Schwaben 1643 / Neue Ausgabe 1960, Bärenreiterverlag Kassel und Basel , Seite 38

Seite 15 Rottweil, Merian, Schwaben 1643 / Neue Ausgabe 1960, Bärenrei-

terverlag Kassel und Basel , Seite 164
Seite 15 Königsbronn, Merian, Schwaben 1643 / Neue Ausgabe 1960, Bärenreiterverlag Kassel und Basel , Seite 111, 112
Seite 15 Augsburg, Merian, Schwaben 1643 / Neue Ausgabe 1960, Bärenreiterverlag Kassel und Basel , Seite 8
Seite 15 Kempten, Merian, Schwaben 1643 / Neue Ausgabe 1960, Bärenreiterverlag Kassel und Basel , Seite 105
Seite 15 Zurzach, / Germania und die Insel Thule, ISBN 978-3-534-23757-9
Seite 78 **/** Merian Schweiz 1654, / Neue Ausgabe 1960, Bärenreiterverlag Kassel und Basel , Seite S. 58
Seite 16 Klimageschichte, Spiegel Online 06.05.2012, „Schwächelnde Sonne löste antike Kälteperiode aus." Seite 1
Seite 16 Ursachen der Kolonie-Bewegung in Griechenlland, Spiegel 48/2006, Seite 200
Seite 16/17 Ausrüstung der Auswanderer, Spiegel 48/2006, Seite 200
Seite 17 Gebiete griechischer Auswanderer, Spiegel 48/2006, Seite 196,Die Kelten in Baden Württemberg, ISBN 3 8062 0211 7 Seite 275,
Seite 17 Spiegel 48/2006
Seite 17 Spiegel 48/2006, Seite 197
Seite 17 *Herodot:* „Sie erschlugen die Eltern und nahmen deren Töchter zum Weibe." Spiegel 48/2006, Seite 196,
Seite 17 Homer, Odysseus, Spiegel 48/2006, Seite 197
Seite 17 Kolonie – Pflanzstadt, Kolonien, Griechische Antike, / Josef Christopf Höcker, ISBN 3-7701-4257-8, Seite 55
Seite 18 Phokäer übernehmen Spina und Hatria, / Die Kelten in Baden Württemberg, ISBN 3 8062 0211 7 Seite 275
Seite 18 Phokäer gründen Massalia (Marseille) / Die Kelten in Baden Württemberg, ISBN 3 8062 0211 7 Seite 276
Seite 18 Sybaris/Paestum / (Diodor 12.9.1 – 10,3), Wikipedia,
Seite 18 Die Griechen / Stefano Maggi, Seite 58, Club Premiere, (Bertelsmann), Nr.909416
Seite 18/19 , Olympische Spiele / Sport Chronik, 5000 Jahre Sport, Seite 27
Seite 19 Neugier d. Griechen, / Spiegel 48/2006, Seite 191,
Seite 19 Vers 425 Homer, Ilias / Odyssee, Seite 306
Seite 19 Vers 740 Homer, Ilias / Odyssee, Seite 315
Seite19 21.Gesang Ilias Vers 35-40 *Lykaon, Sohn des Priamos* wird entführt, Homer, Ilias / Odyssee, Seite 389
Seite 20 Im 24. Gesang der Ilias steht: Vers 260 – 270 *„...und banden den Korb auf den Wagen..."* Homer Ilias / Odyssee, Seite 456
Seite 20 die Beschreibung einer *Phalanx,* Ilias im 16.Gesang, Vers 210 ff:, Homer, Ilias / Odyssee, Seite 300
Seite 21 Einwanderung nach Schwaben, / Die Kelten", M. Kuckenburg, ISBN 978-3-8062-2274-6, Seite 41,
Seite 21, Pecunia (lat.) Geld / WLS. Seite 345
Seite 22 gesellschaftliche Verhältnisse bei den Kelten, Druiden, König und

kleine Leute, / Caesar, „Der Gallische Krieg", Buch 6, Abschnitt 13
Seite 22 Adlige bei den Kelten / Caesar, „Der Gallische Krieg",Buch 6, Abschnitt 15
Seite 23 Stellung der Frau bei den Kelten, / Jean Markale, Die keltische Frau, IBN 3-88167-111-0, Seite 34 – 43
Seite 23 Bei den Kelten standen Frauen alle Ämter offen, / Jean Markale, Die keltische Frau, IBN 3-88167-111-0, Seite 45,
Seite 24 Druiden, / Caesar, „Der Gallische Krieg", Buch 6, Abschnitt 13
Seite 24 Nachfolge bei den Druiden, / Caesar, „Der Gallische Krieg", Buch 6, Abschnitt 15,

2. Kapitel
Seite 25 Brücke zur Donau, / www.spiegel.de /wissenschaft/natur/ 0,1518,444912,00.html,
Seite 25 alte Handelsstraße / Die Kelten in Baden Württemberg, ISBN 3 8062 0211 7, Seite 250
Seite 25 „Der Istros (Donau) kommt aus dem Lande der Kelten, von der Stadt Pyrene her und fließt mitten durch Europa" / Herodot 2, 33, Die Kelten in Süd-Deutschland, ISBN 978-3-8053-4277-3, Seite 10
Seite 25 Eratosthenes u. Heckataos zu Pyrene / Die Kelten in Süd-Deutschland, ISBN 978-3-8053-4277-3, Seite 10, 11
Seite 25 rot-weiße Hochhalskeramik**,** / „ Die Kelten", M. Kuckenburg, ISBN 978-3-8062-2274-6, Seite 41
Seite 26 Heuneburg wird friedlich übernommen, keine Kampfspuren, / Die Kelten in Baden Württemberg, ISBN 3 8062 0211 7, Seite 374,
Seite 26/27, Heuneburg weniger Festung, als Zentrum von Handel und Gewerbe, / Forschungscluster 3, ISBN 978-3-86757-383-2 Seite 20- 23
Seite 27 Leichte Klimaerwärmung, / Spiegel Online, 26.11.2006 Pyrene im Land der Kelten, Seite 1
Seite 27 Herstellung von Eisen durch die Kelten ./ Spiegel Online, 26.11.2006 Pyrene im Land der Kelten, Seite 1
Seite 27 Keltisches Eisen wurde bis an die Havel vertrieben / Deutsches Schiffahrtsarchiv, 10/1987, ISBN 3-8225-0063-1, Seite 20
Seite 27 Kurzer Überblick über die Geschichte d. Heuneburg /Kurz, Die Heuneburg-Außensiedlung, ISBN 3-8062-1521-9, Seite 158, 159, 246
Seite 27 Einteilung der Geschichte in Perioden / Die Heuneburg-Außensiedlung, ISBN 3-8062-1521-9, Seite 160, 161
Seite 27 Grobes Raster in 2 Phasen / Die Heuneburg-Außensiedlung, ISBN 3-8062-1521-9, Seite 160 - 161
Seite 27 1.Phase: Lehmziegelmauer 620 – 540 v.Chr. / Die Heuneburg-Außensiedlung, ISBN 3-8062-1521-9, Seite 160 - 161
Seite 27 2. Phase: Importstrom aus Süden, 540 -470 v.Chr. / Die Heuneburg-Außensiedlung, ISBN 3-8062-1521-9, Seite 160 – 161
Seite 28 Im Einzelnen: 650 -620 v.Chr. / Lbs-Baden-Württemberg, 22.04.2012 Seite 1, / Die Kelten in Baden Württemberg, ISBN 3 8062 0211 7,

Seite 253

Seite 29, Die Kelten lebten einfach. Ihre Beschäftigungen: Landwirtschaft und Krieg führen / Polybios Historien 2, 17, 9-12 , / „ Die Kelten", M. Kuckenburg, ISBN 978-3-8062-2274-6, Seite 85

Seite 29 Caesar über die Helvetier, Caesar, „Der Gallische Krieg", 2. Abs.

Seite 29 Außensiedlung vor „Heuneburg" gegründet. / Die Heuneburg-Außensiedlung, ISBN 3-8062-1521-9, Seite 157

Seite 29 Der Magdalenenberg bei Villingen, ISBN 3-8062-1381-X, Seite 14

Seite 30 Grabhügel Magdalenenbergleh geplündert / Die Kelten in Süddeutschland, ISBN 978-3-8053-4277-3 Seite 67

Seite 31 Bedeutung der Heuneburg nimmt schnell zu. / Die Heuneburg-Außensiedlung, ISBN 3-8062-1521-9, 163

Seite 31 Anzahl der Bauern rund um Heuneburg nimmt schnell zu. / Frühkeltische Fürstensitze, ISBN 3-927714-79-8, Seite 14

Seite 31 Nach Ende der Lehmziegelmauer nimmt die Zahl der Bauernstellen rund um die Heuneburg, bis auf einige Reste ab. / Frühkeltische Fürstensitze, ISBN 3-927714-79-8, Seite 14

Seite 31 Große Stadt Sybaris /Paestum, / Diodor 12.9.1 – 10,3 Wikipedia,

Seite 31 Strabon berichtet, dass Kelten viel landwirtschaftliche Güter nach Rom exportieren./ „Die Kelten", M. Kuckenburg, ISBN 978-3-8062-2274-6, Seite 109

Seite 31 Varro dito, Die Welt der Kelten, ISBN 978-3-7995-0752-3, Seite 108

Seite 32 Heuneburg importiert Vieh aus bis zu 60 km Entfernung./ Die Welt der Kelten, ISBN 978-3-7995-0752-3, Seite 107, 108

Seite 32 Augsburg = Damasia Licatorum (Bändigung der Likatier), Hinweis auf einen Kampf bei Augsburg, Kelten gegen Griechen. / Merian, Schwaben 1643 / Neue Ausgabe 1960, Bärenreiterverlag Kassel und Basel , Seite 8

Seite 33 Pelasger werden schon bei Homer erwähnt. / Homer, Ilias, 16.Gesang, 230, 235

Seite 33 Pelasger hatten schon mit den Nördlichen Stämmen Kontakt. / Wikipedia / Spina, Seite 2

Seite 33 Die Pelasger wurden in Spina und Hatria von Phokaern abgelöst. / Die Kelten in Baden Württemberg, ISBN 3 8062 0211 7, Seite 275, 276

Seite 33 Herodot über die Phokaer. / Herodot, Historien, Alfred Kröner Verlag 1955, Buch 1, Seite 163

Seite 33 50-Ruderer waren schnelle Kriegschiffe. / Herodot, Historien, Alfred Kröner Verlag 1955, 1.Buch, Anmerkungen Nr. 129

Seite 33 Phokaea lag südlich von Troja und kämpfte beim trojanischen Krieg auf griechischer Seite. / Homer, Wikipedia

Seite 34 Als Verkehrswege dienten sicher auch noch die Flüsse, wie seit der Steinzeit. / Deutsches Schiffahrtsarchiv 10 – 87, Seite 20

Seite 34 Lehmziegelmauer wird erbaut. / Die Heuneburg-Außensiedlung, ISBN 3-8062-1521-9, Seite 158, 159

Seite 34 Maße und Bauart der Lehmziegelmauer, / Spiegel Online, Pyrene im Land der Kelten 27.07.2007 / Der Magdalenenberg bei Villingen, ISBN 3-

8062-1381-X, Seite 48 / Die Kelten in Baden Württemberg, ISBN 3 8062 0211 7, Seite 252, 374
Seite 34 Beschreibung der Lehmziegelmauer, Die Kelten in Baden Württemberg, ISBN 3 8062 0211 7, Seite 375
Seite 35 Die Bauart der Lehmziegelmauer erinnert an phönizische Darstellungen, Die Welt der Kelten, ISBN 978-3-7995-0752-3, Seite 120, 122,
Seite 35 Bebauung der Festung nach einem Stadtplan", Kelten in Baden Württemberg, ISBN 3 8062 0211 7, Seite 376, 377
Seite 35 Lehmziegelmauer wird durch keltische Mauer ersetzt,/ Die Kelten in Süddeutschland, ISBN 978-3-8053-4277-3 Seite 76, 77
Seite 35/36 Nach neuesten Forschungen wurde die Außensiedlung nach 540 v.Chr wieder errichtet. / Heuneburg-Außen-siedlung, ISBN 3-8062-1521-9, Seite 312
Seite 36 Pforzheim soll nach Phorcys benannt worden sein. / Merian, Schwaben 1643 / Neue Ausgabe 1960, Bärenreiter-verlag Kassel und Basel , Seite 150
Seite 36 Der Trojaner „Phorcys" soll Pforzheim und Ettlingen erbaut haben. / Merian, Schwaben 1643 / Neue Ausgabe 1960, Bärenreiterverlag Kassel und Basel , Seite Mer 70
Seite 36 Phorcys war der Name einer Meeresgottheit, / Zedlers Universal-Lexikon 1735, Band 27, Seite 1674, 2192,
Seite 36, Phryger kämpften auf Seite der Trojaner als Söldner / Homer, Ilias, 17. Gesang, Vers 225
Seite 36 Phorcys und Askanios befehligten die Truppen der Phryger / Homer, Ilias 2. Gesang, Vers 860 ff
Seite 37 Allgemeines zu Troja, / Wikipedia, Troja, 10.03.2014
Seite 37 Quartiersbildung auf der Heuneburg – ein typischer Bestandteil der griechischen Polis. / Die Heuneburg- Außensiedlung, ISBN 3-8062-1521-9, Seite 162
Seite 37 Wenige Metallfunde im Quartier der Metallhandwerker. / „Die Kelten", M. Kuckenburg, ISBN 978-3-8062-2274-6, Seite 33
Seite 38 etruskischer Broncegießer auf Heuneburg. / Die Kelten in Baden Württemberg, ISBN 3 8062 0211 7, Seite 259
Seite 38 Großes Produktionspotential auf der Heunebug. Die Heuneburg-Außensiedlung, ISBN 3-8062-1521-9, Seite 164, 188, 246
Seite 38 Auf Heuneburg wurden Glas und Bronze hergestellt. / Die Heuneburg-Außensiedlung, ISBN 3-8062-1521-9, Seite 164
Seite 38 Keramikmanufaktur im Gebiet der Heuneburg, / „Die Kelten", M. Kuckenburg, ISBN 978-3-8062-2274-6, Seite 41
Seite 38 Die wirtschaftliche Basis der Heuneburg, / „Die Kelten", M. Kuckenburg, ISBN 978-3-8062-2274-6, Seite 41
Seite 39 Allgemeines zum keltischen Stamm, Geschichte Irlands, / Jürgen Elvert, ISBN 3-423-30148-1, Seite 42 - 45
Seite 40 Zitat des Tacitus über Denkmäler mit griechischer Schrift in Rhaetien. Germania, / Tacitus Absatz 3, Seite 5

Seite 40 Asciburgium = Moers / Asberg, / „Germania und die Insel Thule", Ptolemaios'Atlas der Oikumene entschlüsselt, ISBN 978-3- 534-23757-9, Seite 26

Seite 40 Tacitus, römischer Historiker, / Lexikon der Geschichte, Bertelsmann, www.derclub.de , Buch Nr. 10528 8, Seite 744

Seite 40 Die Chariten, griechische Göttinnen der Anmut, Merian, Schwaben 1643 / Neue Ausgabe 1960, Bärenreiterverlag Kassel und Basel , Seite 150

Seite 41 Die Heuneburg entspricht in ihrer Anlage einer typischen griechischen Polis im 7./6.Jhd. v.Chr. / Die Kelten in Baden Württemberg, ISBN 3 8062 0211 7, Seite 253

Seite 41 Die Heuneburg war von 2 Brandkatastrophen betroffen. Die Heuneburg-Außensiedlung, ISBN 3-8062-1521-9, Seite 159

Seite 41 die Heuneburg 540 v.Chr von einer zweiten Brandkatastrophe betroffen. Lbs/bw 22.04. 2012

Seite 41 in den Brandschichten fanden sich Lanzen- und Pfeilspitzen, sowie Schleudersteine. Burg und Außensiedlung gingen in einer Brandkatastrophe unter. / Ausgrabungen : Pyrene, spiegel.de, Wissenschaft/Natur/ 27.07.07, Seite 4

Seite 41 Das Ereignis war Teil eines Umschwungs in der keltischen Welt. Die Kelten", M. Kuckenburg, ISBN 978-3-8062-2274-6, Seite, 35
www.heuneburg.de/archäologische-grabungen/ , Seite 3 – 4

Seite 41 Möglicherweise stammten die Agressoren aus der Nachbarschaft. / Die Kelten in Süd-Deutschland, ISBN 978-3-8053-4277-3, Seite 75 / 76

Seite 41 Auf der Akropolis lebten die Griechen und der mit ihnen verbündete keltische Clan und in der Außensiedlung ein anderer keltischer Clan mit eigenem König und Druiden. Das könnte auch die Parallelstrukturen erklären, wie die Tatsache, dass auf der Akropolis; als auch in der Außensiedlung Metalle verarbeitet wurden. Auch das Festgebäude unter Hügel 4 in der Nekropole Gießübel-Talhau mit seiner Ausdehnung von 21 auf 17 Meter würde dazu passen. / Die Heuneburg-Außensiedlung, ISBN 3-8062-1521-9, Seite 44-61

Seite 42 Zum Anderen berichtet Caesar, dass man im Lager der besiegten Helvetier große Listen mit den Namen der Teilnehmer an dem Zug nach Gallien in griechischer Schrift gefunden hatte. Möglicherweise haben die Helvetier die griechische Schrift und natürlich auch die Sprache bei den Griechen während der Zeit der Lehmziegelmauer kennen und schätzen gelernt. Natürlich nicht der „kleine Mann" sondern nur die Angehörigen der Elite, die Familien der Herrschenden. Die Helvetier sind das einzige keltische Volk von dem Caesar Kenntnisse einer Schrift berichtet. / Caesar, / de bello gallico, 1, 29 / 6, 14

Seite 42 Die Zeit der Lehmziegelmauer scheint relativ friedlich gewesen zu sein. Kriegswaffen sind während dieser Zeit in den Gräbern der Elite seltener. Einige hohe Herren wurden sogar mit Hüten aus Birkenrinde auf ihre letzte Reise geschickt. Mit dem Untergang der Festung mit der Lehmziegelmauer ging der griechische Einfluss zurück. Akropolis und Außensiedlung wurden auf die traditionelle keltische Art wieder aufgebaut. Die Bebauung nach Stadtplan auf der Festung wurde durch Einzelhöfe, darunter einem „Herrenhaus" mit 14x25 Meter, ersetzt / „Die Kelten", M. Kuckenburg, ISBN 978-3-8062-2274-6, Seite 35

Seite 43 Die Importe aus dem Raum Marseille nahmen zu. Die Außensiedlung wurde kurz vor Errichtung des Grabhügels 4 der Nekropole „Gießübel-Talhau aufgegeben / Die Heuneburg-Außensiedlung, ISBN 3-8062-1521-9, Seite 312

Seite 43 Unter dem Grabhügel 4 fand sich ein keltischer Großbau mehreren Feuerstellen und einem Rauchabzug aus Holz. Man vermutet einen Fest- und Versammlungssaal eines keltischen Fürsten. / Die Heuneburg-Außensiedlung, ISBN 3-8062-1521-9, Seite 149, / Die Welt der Kelten, ISBN 978-3-7995-0752-3, Seite 121 / Die Heuneburg-Außensiedlung, ISBN 3-8062-1521-9, Seite 52, 53

Seite 44 Die Festung wurde mit einzelnen Gebäuden locker bebaut, darunter mit einem Repräsentationsbau (14 x 25 m) / Die Welt der Kelten, ISBN 978-3-7995-0752-3, Seite 122

Seite 44 Das Festgebäude in der Außensiedlung wurde nicht mehr gebraucht und durch zwei kleinere Gebäude ersetzt. / Die Heuneburg-Außensiedlung, ISBN 3-8062-1521-9, Seite 60

Seite 44 Der Viehhandel, der vor dem Untergang in einem Radius von bis zu 60 km stattfand, wurde mit der Zeit eingestellt. / Die Welt der Kelten, ISBN 978-3-7995-0752-3, Seite 107, 108

Seite 44 Die bäuerlichen Höfe rund um die Heuneburg verschwanden bis auf zwei. Frühkeltische Fürstensitze, ISBN 3-927714-79-8, Seite 15

Seite 45 von der Außensiedlung blieb nur eine kleine Vorburg an der südwestlichen Seite erhalten. / Die Welt der Kelten, ISBN 978-3-7995-0752-3, Seite 120

Seite 45 Im Vorburgareal fand man eine Toranlage mit Brücke. / Die Kelten", M. Kuckenburg, ISBN 978-3-8062-2274-6, Seite 35

Seite 45 Ein Stück Holz der Toranlage konnte auf 520 v. Chr. datiert werden. /Der bei Villingen, ISBN 3-8062-1381-X, Seite 106

Seite 45 In der Späthallstatt-Zeit gab es zwei Zentren in Schwaben, Heuneburg und Hohenasperg, Die Grenze zwischen den Einflussbereichen verlief in etwa an der Nördlichen Kante der Schwäbischen Alb. Die Heuneburg könnte etwas älter sein. / Die Kelten in Baden Württemberg, ISBN 3 8062 0211 7, Seite 41, 42

Seite 45 Mit dem Untergang der Heuneburg nahm die Bedeutung des Hohenaspergs zu. / Die Welt der Kelten, ISBN 978-3-7995-0752-3, Seite 95

Seite 45 Bei Untersuchung der DNA der Verstorbenen hat man eine Verwandtschaft in der mütterlichen Linie zwischen den Herren von Hohenasperg und den Herren von Hochdorf festgestellt. Pyrene, spiegel.de, Wissenschaft/Natur/ 27.07.07, Seite 4

Seite 45 Möglicherweise zogen etliche keltische Familienverbände nach dem Untergang der Heuneburg m. der Lehmziegelmauer nach Italien, wie die

Ähnlichkeit der Fibeln nahe legt. / Frühkeltische Fürstensitze, ISBN 3-927714-79-8, Seite 16

Seite 45 Bei der Lage des Grabes inmitten des Versammlungshauses unter Grabhügel IV, der Nekropole Gießübel-Talhau handelt es sich um einen Zufall. / Die Heuneburg-Außensiedlung, ISBN 3-8062-1521-9, Seite 57-60

Seite 46 Die Töpferscheibe kam erst relativ spät zum Ende der Hallstatt-Zeit in Gebrauch. / Die Kelten in Baden Württemberg, ISBN 3 8062 0211 7, Seite 378

Seite 46 Gegen 470 v. Chr. ging die Heuneburg erneut in Flammen auf, wurde verlassen und nicht mehr aufgebaut. www.heuneburg.de /archäologische-grabungen/ Seite 4 / Die Kelten", M. Kuckenburg, ISBN 978-3-8062-2274-6, /. Lbs/bw 22.04. 2012

Seite 436 Mit dem Untergang der Heuneburg nahm die Bedeutung der nördlich gelegenen Fürstensitze Hohenasperg und der Siedlung auf dem Berg Ipf zu. In etwa zur gleichen Zeit wurden die Siedlungen in Burgund, wie der Mont Lassois aufgegeben. / Die Welt der Kelten, ISBN 978-3-7995-0752-3, Seite 122 / 123

Seite 46/47 . Der gallische (keltische) König Ambigatus soll die Söhne seiner Schwester, Bellovesus und Segovesus, mit vielen jungen Leuten ausgesandt haben, neue Gebiete zu erobern. Bellovesus schickte er mit seinen Leuten nach Italien, Segovesus in das Gebiet rund um den Schwarzwald. Über Bellovesus wird überliefert, dass er die Phokäer von Massalia gegen die Salier unterstützt haben soll und dann nach Norditalien gezogen sei. Hier soll er verschiedene Städte gegründet haben. Segovesus zog nach Osten und könnte für den Untergang von Heuneburg (Pyrene) und Mont Lassois und andere verantwortlich sein. / Universal Lexikon, H. Zedler (1735) / Lex.Zed. 1. Band Seite 1678, / Wikipedia "Ambigatus" / 2. Lucius Tarquinius Superbus, / Lex. Zed. 42.Band Seite 7-18, / Wikipedia "Lucius Tarquinius Superbus" / 3. Segovesus, Lex. Zed. 37.Band Seite 1104 / Wikipedia "Segovesus" / 4.Bellovesus / Lex. Zed. 3.Band Seite 1069, / Wikipedia Bellovesus.

Bellovesus soll auch andere Kelten gegen die Einheimischen in Norditalien unterstützt haben. / Universal Lexikon, H. Zedler (1735), 3. Band, Seite 1069

Seite 38 Mit dem Bau der Lehmziegelmauer (600 v.Chr.) setzte auf der Heuneburg die Metallbearbeitung ein. / Die Heuneburg-Außensiedlung, ISBN 3-8062-1521-9, Seite 246

Seite 38 Auf der Heuneburg wurde Glas erschmolzen. / Die Heuneburg-Außensiedlung, ISBN 3-8062-1521-9, Seite 188

Seite 48 Auf der Heuneburg gab es weit gespannte Handelsbeziehungen, wie ein Fragment eines mit Arsen bedampften Spiegels aus Griechenland und Fibeln aus Norditalien zeigen. / Ausgrabungen : Pyrene, spiegel.de, Wissenschaft/Natur/ 27.07.07, Seite 3

Seite 48, der Importstrom aus Marseille u. Griechenland setzte erst nach 540 v. Chr. ein. / Die Kelten in Baden Württemberg, ISBN 3 8062 0211 7, Seite 378 / Die Heuneburg-Außensiedlung, ISBN 3-8062-1521-9, Seite 159

Seite 44 Die Masse der gefundenen Keramik stammt aus den Perioden I u. II, der Zeit 540 – 470 v.Chr. / Die Kelten in Baden Württemberg, ISBN 3 8062 0211 7, Seite 378

Seite 44 Das Importgeschirr kommt zum größten Teil aus Süd-Frankreich und Italien. Besonders auffallend sind über 70 Fragmente griechischer Vasen, die der so genannten spätschwarzfigurigen Gattung angehören. Es handelt sich dabei um grie-chische Keramik, die in die Zeit 540-480 v. Chr. zu datieren ist. Aus dieser Zeit stammen auch zahlreiche Transport-amphoren, teils aus Griechenland, teils aber auch aus Südfrankreich. Vermutlich wurde in den Amphoren Wein transportiert. / Die Heuneburg-Außensiedlung, ISBN 3-8062-1521-9, Seite 161

Seite 44 Von den zahlreichen Keramikscherben sind nur zwei der Zeit 600-540 v.Chr. zuzuordnen. / Handelsweg, Massalia – Donau. / Die Kelten in Baden Württemberg, ISBN 3 8062 0211 7, Seite 257

Seite 45 Appolonios v. Rhodos beschreibt in seinem Buch „Die Fahrt der Argonauten" eine Fahrt der Griechen auf dem Rhein bis zum „Isteiner Klotz". / Appolonios von Rhodos, „Die Fahrt der Argonauten", 4.Buch, Absatz 635-645 Reclam-Verlag.

Seite 45, 46 Generell schreibt Strabon über die Flüsse Galliens: „Ganz Gallien ist von Flüssen durchströmt […], die zum Teil in den Ocean [Atlantik] münden, zum Teil in unser Meer [Mittelmeer]. [ ] Sie haben einen so geschickten Lauf, dass die Waren leicht von einem Meer ins andere gebracht werden können, so dass man sie nur kurze Strecken über Land zu schaffen braucht; die längste Strecke werden sie auf den Flüssen hin und hertransportiert. [ ] In dieser Hinsicht hat die Rhone ganz besondere Vorzüge, denn sie gestattet [ ] eine lange Fahrt stromaufwärts mit großen Lastschiffen und in alle Richtungen, weil die in sie einmündenden Flüsse schiffbar sind und die größten Ladungen tragen können. / Strabon Geographie, 4,1,2 u. 4,1,1, / „Die Kelten", M. Kuckenburg, ISBN 978-3-8062-2274-6, Seite 37

Seite 46 Darstellung eines von Menschen getreidelten, mit Weinfässern beladenen, Kahns / Die Kelten", M. Kuckenburg, ISBN 978-3-8062-2274-6, Seite 108

Seite 46 Der antike Namen der Donau ist „Danuvius". / Die Kelten in Baden Württemberg, ISBN 3 8062 0211 7, Seite 42,

Seite 46 Der spätere Kaiser Tiberius hat einen Tagesritt vom Bodensee entfernt die Quellen der Donau gesehen. / Die Kelten in Baden Württemberg, ISBN 3 8062 0211 7, Seite 47

Seite 47 Beschreibung der Verhältnisse in der Außensiedlung. / Siegfried Kurz, Die Heuneburg- Außensiedlung, ISBN 3-8062-1521-9, Seite 43,44

Seite 47/48 Auf der Außensiedlung gefundene Haarnadeln lassen sich unterschiedlichen Epochen zuordnen. / Siegfried Kurz, Die Heuneburg- Außensiedlung, ISBN 3-8062-1521-9, Seite 104

Seite 48 Die für die Kelten typischen „Toilettenbestecke" können auf der Heuneburg erst relativ spät, nach 540 v.Chr. nachgewiesen werden. In der Umgebung treten sie ab 650 v.Chr. auf. Außerdem wurde noch das Fragment eines Spiegels aus Griechenland gefunden. / Siegfried Kurz, Die Heu-

neburg- Außensiedlung, ISBN 3-8062-1521-9, Seite 104, 105
Seite 48 In der Außensiedlung wurde wenig Werkzeug gefunden. Sicher wurde die Siedlung nach dem Brand 540 v. Chr. penibel nach Brauchbarem durchsucht. / Siegfried Kurz, Die Heuneburg- Außensiedlung, ISBN 3-8062-1521-9, Seite 110
Seite 48 Nach dem Brand von 540 v. Chr. wurde die Außensiedlung wie die Akropolis neu aufgebaut und die Außensiedlung kurz darauf wieder verlassen. Anzunehmen, dass die Bewohner alles Brauchbare mitgenommen haben. Siegfried Kurz, Die Heuneburg- Außensiedlung, ISBN 3-8062-1521-9, Seite 159
Seite 48/49 Einige schlecht erhaltene Waffen wurden gefunden, darunter Lanzen, Speerspitzen und Bolzen für „Pfeilgeschütze" Der Schaft dieser Bolzen bestand aus Hartholz. / Siegfried Kurz, Die Heuneburg- Außensiedlung, ISBN 3-8062-1521-9, Seite 237, 239
Seite 49 Auch in Gräbern dieser Zeit fand man Bolzen der Pfeilgeschütze. / Siegfried Kurz, Die Heuneburg- Außensiedlung, ISBN 3-8062-1521-9, Seite 239
Seite 49 Bisher war man der Meinung, dass Pfeilgeschütze, genannt „Gastraphetes", erst später aufkamen. Die früheste Beschreibung der stammt von Pylon aus Byzanz aus dem 3.Jhd. v. Chr. Wikipedia Gastraphetes / 2014
Seite 49 Keramikfunde auf der Heueneburg aus anderen Ländern und Zeiten. / Siegfried Kurz, Die Heuneburg- Außensiedlung, ISBN 3-8062-1521-9, Seite 128, 161
Seite 49 In der Außensiedlung wurden nur in der Schüttung der Grabhügel der „Gießübel-Talhau-Nekropole" Überreste von Metallguss festgestellt. Die Metallreste stammen aus der Zeit 620-540 v.Chr./ Siegfried Kurz, Die Heuneburg- Außensiedlung, ISBN 3-8062-1521-9, Seite 189, 240, 241
Seite 50 Gleichzeitig mit Griechenland kamen auf der Heuneburg größere Tiegel zum Schmelzen von Metall mit einem Durchmesser von bis zu 400 mm in Gebrauch. Möglicherw. war ein griechischer Fachmann tätig, / Siegfried Kurz, Die Heuneburg- Außensiedlung, ISBN 3-8062-1521-9, Seite 111
Seite 50 In den Grabhügeln der Nekropole Gießübel-Talhau fanden sich keine verwertbaren Holzreste. Allerdings stellte man fest, dass die Pfeilschäfte aus Langtrieben des Schneeballs gefertigt worden waren. / Siegfried Kurz, Die Heuneburg- Außensiedlung, ISBN 3-8062-1521-9, Seite 313
Seite 50 Die Bewohner ernährten sich überwiegend von Getreide, hauptsächlich Gerste, daneben Spelzweizen, Dinkel und Emmer. Aus Gerste braute man auch Bier. / Siegfried Kurz, Die Heuneburg- Außensiedlung, ISBN 3-8062-1521-9, Seite 308
Seite 50 Fleisch und Milchprodukte lieferten Haustiere, darunter vor allem Schweine, Rinder und Haushühner .Wild, Schafe und Ziegen waren seltener. Auch Pferde wurden gegessen. / Siegfried Kurz, Die Heuneburg- Außensiedlung, ISBN 3-8062-1521-9, Seite 315, 317, 318, 325, 326,
Seite 51 Hundefleisch war nicht so beliebt, im Gegensatz zu Hochdorf. /

Siegfried Kurz, Die Heuneburg- Außensiedlung, ISBN 3-8062-1521-9, Seite 325

Seite 52 Heiligtum im Bereich der Heuneburg, offensichtlicher Zusammenhang Heuneburg – Heiligtum „Alte Burg" bei Langenenslingen, / Die Welt der Kelten ISBN 978-3-7995-0752-3, Seite 208, / Siegfried Kurz, Die Heuneburg- Außensiedlung, ISBN 3-8062-1521-9, Seite 119

Seite 52/53 Zitat Markus Dürr, Ausgräber der Anlage „Alte Burg", Langenenslingen / Die Welt der Kelten ISBN 978-3-7995-0752-3, Seite 208, / Siegfried Kurz, Die Heuneburg- Außensiedlung, ISBN 3-8062-1521-9, Seite 208

Seite 52 Siedlung auf der „Alten Burg" / Die Kelten in Baden Württemberg, ISBN 3 8062 0211 7, Seite 420

Seite 53 Helvetier beherrschten griechische Schrift, Zitat Caesar / Caesar, „Der Gallische Krieg" 1.Buch, 29:

Seite 53 Im Grabhügel Magdalenenberglel bei Villingen wurden 139 Verstorbene in 126 Nebengräbern angetroffen. / „Die Kelten", M. Kuckenburg, ISBN 978-3-8062-2274-6, Seite 43

3. Kapitel

Seite 55 Manche Beigaben sind allen Fürstengräbern gemeinsam. Es sind der vierrädrige Wagen, kostbare Möbelstücke, große Mischgefäße, Trink- und Speiseservices und ähnliche Beigabenen. Auffallend ist auch die geringe Anzahl an Waffen, die man Toten zur Zeit der Lehmziegelmauer auf der Heuneburg, auf ihre letzte Reise mitgegeben hat. In der Regel bekam der Grabherr einen Dolch, häufig einen „Antennendolch" als Statussymbol, seltener Pfeil und Bogen oder eine Lanze mit ins Grab. Es scheint, dass die Zeit der Fürstengräber während der Lehmziegelmauer eine relativ friedliche Zeit war. / „Die Kelten", M. Kuckenburg, ISBN 978-3-8062-2274-6, Seite 36, 56

Seite 56 Die Grabhügel sind oft mit dem Zusatz „Bühel"- dem oberdeutschen Wort für Hügel, oder mit den Wort „Lehen" beziehungsweise mit der Silbe „-leh" gekennzeichnet. / Die Kelten in Baden Württemberg, ISBN 3 8062 0211 7, Seite 249

Seite 56 Grabhügel Hohmichele / Die Kelten in Baden Württemberg, ISBN 3 8062 0211 7, Seite383 / Die Welt der Kelten ISBN 978-3-7995-0752-3, Seite 121

Seite 56 Kleidung des Verstorbenen in Grab VI / Die Kelten in Baden Württemberg, ISBN 3 8062 0211 7, Seite 147

Seite 57 Brandgrab im Hohmichele / Die Kelten in Baden Württemberg, ISBN 3 8062 0211 7, Seite383.

Seite 57/58 Noch einige Nebengräber ohne spektakuläre Grabbeigaben. In Hügel 18 (650-450v.Chr.wurden Übereinstimmungen in der Frauentracht mit den Frauengräbern festgestellt. In Hügel 17 fand man Hinweise auf Verbindungen mit der iberischen Halbinsel. / Die Welt der Kelten ISBN 978-3-7995-0752-3, Seite 128, 129

Seite 58 Hügelgruppe im Wald Satzet, Hügel Nr.14 von 22 untersucht, keine spektakuläre Ergebnisse / Die Welt der Kelten ISBN 978-3-7995-0752-3, Seite 130

Seite 58 Der Rauhe Lehen bei Ertingen. In einer Nachbestattung fand man ein gut ausgestattetes Frauengrab, 600-550 v.Chr. / Die Kelten in Baden Württemberg, ISBN 3 8062 0211 7, Seite 384

Seite 59 Die Bettelbühl-Nekropole, Herbertingen, schon aus im 19. Jhd. sind Berichte über Funde bekannt, aber nichts erhalten./ Die Kelten in Baden Württemberg, ISBN 3 8062 0211 7, Seite 385

Seite 59 Die Bettelbühl-Nekropole, Herbertingen, 2005 wurde das Grab eines 3-jährigen Kindes und 2010 das Grab der vermutlichen Mutter gefunden. Eine direkte Verwandtschaft legen die prächtige Ausstattung und die Beigaben nahe. / Die Kelten in Süddeutschland, ISBN 978-3-8053-4277-3

Seite 59 Die Baumstämme der hölzernen Grabkammer der Fürstin wurden 583 v.Chr. geschlagen. Das bedeutet, Bestattung zw. 583 und 573 v.Chr. / Heuneburg.de/archäologische Grabungen/ Keltenfürstin, 22.04.2012

Seite 59 Die Gräber waren sehr aufwendig ausgestattet. Das Muster eines goldenen Anhängers entsprach dem Muster von zwei Ohrringen im Kindergrab. Das Muster stammt aus Etrurien. War etruskischer Goldschmied auf der Heuneburg tätig? / Heuneburg.de/archäologische Grabungen/ Keltenfürstin, 22.04.2012, Seite 4-6

Seite 59 Die Fürstin war nach der neuesten in Italien und der Levante aufkommenden Mode gekleidet. In einer Ecke der Grabkammer fand sich ein zweites, ärmlich ausgestattetes Grab. Ob es sich dabei um eine Dienerin der „Hohen Frau" handelte, konnte nicht festgestellt werden. / Heuneburg.de/archäologische Grabungen/ Keltenfürstin, 22.04.2012, Seite 2

Seite 59 Die Beigaben hatte man in Matten aus pflanzlichen Material eingewickelt. / Heuneburg.de/archäologische Grabungen / Keltenfürstin,SWR 28.04.2012 Seite 2

Seite 59 Das Grab der Fürstin war einige Jahrzehnte älter, als das Grab von Hochdorf / Heuneburg.de/archäologische Grabungen / Keltenfürstin 22.04.2012

Seite 59 Ältestes Prunkgrab einer Fürstin in Süddeutschland. / Heuneburg.de/archäologische Grabungen / Keltenfürstin 2012 Seite 2

Seite 60 Der Grabhügel Lehensbühl, Herbertingen – Hundersingen wurde 1897 untersucht. Möglicherweise wurde die Grabkammer schon in vorgeschichtlicher Zeit ausgeraubt. Das Grab stammt aus 1.Hälfte bis Mitte 6.Jhd. (600 – 550) v.Chr./ Die Kelten in Baden Württemberg, ISBN 3 8062 0211 7, Seite 385

Seite 60 Baumburg in Herbertingen-Hundersingen, vermutlich ein keltischer Grabhügel, im Mittelalter als Basis für eine Burg benutzt. / Die Kelten in Baden Württemberg, ISBN 3 8062 0211 7, Seite 386

Seite 60 Grabhügelgruppe im „Gießübel-Talhau" In Hügel 1 fanden sich ein Zentralgrab mit drei Verstorbenen und sechs Nachbestattungen, Es handelte sich um gut ausgestattete Gräber, aber manche Beigaben waren nicht mehr vollständig./ Die Kelten in Baden Württemberg, ISBN 3 8062 0211 7, Seite

387, 388
Seite 60 Die Baureste unter Hügel 1 sind sehr lückenhaft erhalten. Der Periodencharakter ist dennoch unzweifelhaft vorhanden, wenn auch die Einzelheiten der Bebauung kaum auszumachen sind. Anzeichen für jüngere Bauten wurden unter Hügel 1 nicht festgestellt, / Heuneburg- Außensiedlung, ISBN 3-8062-1521-9, Seite 67
Seite 61 Den Hügelfuß des Hügels 2 umgab ein Kranz aus locker geschichteten Kalksteinen (Durchm. 51 m). In der zentralen Grabkammer wurden 2 Skelette und „Reste von Eisenwaffen" angetroffen. Außerdem fand man in der Hügelschüttung mindestens eine Nachbestattung mit 4 Tellern und 1 Becken aus Bronze. / Die Kelten in Baden Württemberg, ISBN 3 8062 0211 7, Seite 388
Seite 61 Unter Hügel 2 wurden weniger Überbleibsel als in den anderen Hügeln angetroffen. / Heuneburg- Außensiedlung, ISBN 3-8062-1521-9, Seite 67
Seite 61 Unter Hügel 2 konnten mehrere Gebäude nachgewiesen werden. / Heuneburg- Außensiedlung, ISBN 3-8062-1521-9, Seite 21, 70, 68
Seite 61 Im 19.Jahrhundert wurden im Zentralgrab (1,5 m x 2.6 m) von Hügel 3, 1 Skelett, mit eisernem Dolch, 1 Lanzenspitze und angeblich 1 Fibel und 1 Fingerring angetroffen. Außerdem wurden bei der Untersuchung des Hügels noch einige Nachbestattungen mit 1 Bronzekessel, 1 gerippten Bronzeeimer, 1 Lanzenspitze und Bronzeschmuck gefunden Der Hügel war von Eduard Paulus d. Ä. (1803 -1878) untersucht worden. / Die Kelten in Baden Württemberg, ISBN 3 8062 0211 7, Seite 388, 22
Seite 62 Hügel 4 Zentrale Grabkammer, die noch Reste eines Wagens, Pferdegeschirrs und Schmucks enthielt. Die Wände waren mit Textilien bedeckt. In der Hügelschüttung fanden sich 23 Nachbestattungen mit ärmlichen, schlichten Beigaben. Besser waren die Gräber 3, 14 und 23 ausgestattet.
Unter dem Hügel 4 konnten mehrere Siedlungsschichten festgestellt werden. Darunter war ein großes, teilweise von einer Palisade umgebenes, durch Feuer vernichtetes Haus. Dem verbrannten Haus folgten noch zwei Siedlungsschichten, denn auf der Fläche erbaute kleinere Häuser wurden noch einmal abgerissen und neu erbaut. Wahrscheinlich waren die Pfosten verrottet. Kurz bevor der Grabherr beigesetzt wurde, hat man die Außensiedlung aufgegeben, wie Botaniker feststellen konnten. (siehe Seite 46)
Seite 62 Kurz nach der Bestattung wurde das Grab ausgeplündert. Es muss unter den Augen der Burgbewohner stattgefunden haben, möglicherweise während einer Belagerung der Burg oder nach deren Einnahme. Die Grabräuber gruben von oben einen Schacht zum Zentralgrab und plünderten die Grabkammer. Die Nachbestattungen aber wurden nicht gestört. / Die Kelten in Baden Württemberg, ISBN 3 8062 0211 7, Seite 389
Seite 62 Die übrigen Gräber enthielten meist Arm- und Halsringe aus Bronze, Bronzefibeln und mitunter einen Gürtel aus Bronzestangen / Die Kelten in Baden Württemberg, ISBN 3 8062 0211 7, Seite388, 389
Seite 62/63 1. Grabhügel „**Grafenbühl**", Reste eines Prunkgrabs. v. 500

v.Chr./ Die Kelten in Baden Württemberg, ISBN 3 8062 0211 7, Seite 393 / Die Welt der Kelten, ISBN 978-3-7995-0752-3, Seite 141 / Die Kelten, Martin Kuckenburg, ISBN 978-3-8062-2274-6, Seite 45

Seite 63 2. Kleinaspergle, jüngste Grabhügel in S-Deutschlands, reiche Beigaben / eine Fürstin, Grablege 450/440 v.Chr. / Die Welt der Kelten, ISBN 978-3-7995-0752-3, Seite 141-142 / Die Kelten in Baden Württemberg, ISBN 3 8062 0211 7, Seite 393

Seite 63 3. Römerhügel / Belle Remise bei Ludwigsburg, 1877 ausgegraben, reiche Beigaben, / Die Kelten in Baden Württemberg, ISBN 3 8062 0211 7, Seite394 / zeitlich etwa gleichzeitig mit Grab von Hochdorf /Die Welt der Kelten, ISBN 978-3-7995-0752-3, Seite 142

Seite 64 4. Hochdorf (Eberdingen-Hochdorf), keltisches Prunkgrab
Ungestörtes Prunkgrab wird in Hochdorf entdeckt und ausgegraben. / Die Welt der Kelten, ISBN 978-3-7995-0752-3, Seite144 / Nicht geplündertes Grab / Die Kelten in Baden Württemberg, ISBN 3 8062 0211 7 Seite 396. / Grabherr ungewöhnlich groß. / Die Welt der Kelten, ISBN 978-3-7995-0752-3, Seite 76 / Zahlreiche Beigaben, unter anderem ein Hut aus Birkenrinde, Pfeil und Bogen (Jagdwaffen), Toilettenbesteck, Angelhaken und Dolch. Der Verstorbene lag auf einer Liege aus Bronze. Wertvolles Trinkgeschirr, vierrädriger Wagen. / Verstorbener gegen 540 v.Chr. beigesetzt. / Die Welt der Kelten, ISBN 978-3-7995-0752-3, Seite 139,140 / Die Kelten, Martin Kuckenburg, ISBN 978-3-8062-2274-6, Seite 49, / Es handelt sich um das ältestes Grab im Bereich Hohenasperg, 10 Km. entfernt. / Die Kelten in Baden Württemberg, ISBN 3 8062 0211 7 Seite 398

Seite 64 5. Keltische Siedlung Eberdingen/Hochdorf 540-nach 425 v.Chr., unterschiedliche Handwerker, Scherben einer attischen Schale v. 425 v.Chr. Siedlung blühte bis nach 425 v.Chr./ Die Kelten, Martin Kuckenburg, ISBN 978-3-8062-2274-6, Seite 71 /Ähnliche Anlagen in Schweiz und Frankreich/ Die Welt der Kelten, ISBN 978-3-7995-0752-3, Seite 145

Seite 65 6.Stele von Ditzingen-Hirschlanden / Stele im Stil einer griechischen „Kouroi"-Figur gefertigt, mit den Insigien eines Keltenfürsten stand vermutlich auf Grabhügel/ Die Welt der Kelten, ISBN 978-3-7995-0752-3, Seite 142, 188, 214

Seite 65 Der Grabhügel von Ditzingen-Schöckingen, reich ausgestattetes Grab einer Frau, Schmuck aus Gold und Koralle, Grablege um 500 v. Chr. / Die Welt der Kelten, ISBN 978-3-7995-0752-3, Seite 142, Die Kelten in Baden Württemberg, ISBN 3 8062 0211 7, Seite394

Seite 65 7.Die Gräber von Stuttgart-Bad Cannstatt, zwei „Fürstengräber, 1 Hut aus Birkenrinde / Die Welt der Kelten, ISBN 978-3-7995-0752-3, Seite 143

4. Kapitel
Seite 67 Pythagoras (570 – 496 v. Chr.) /Meyers großes Handlexikon, Seite 693

Seite 67 Budda (560 – 480 v.Chr.) / Der Brockhaus in einem Band, Seite 129

Seite 67 Konfuzius (551 – 479 v. Chr.) / 551 – 479 v.Chr. / Der Brockhaus in einem Band, Seite 493

Seite 67 Lao-tse, chinesischer Denker, soll zur Zeit der Frühlings- und Herbstannalen im 6. Jahrhundert v. Chr. gelebt haben / Wikipedia, Daodejing

Seite 67 Zahrathustra, iranischer Religionsstifter (630-553 v.Chr.) / Meyers großes Handlexikon, Seite 990

Seite 67 Allerdings hat man in den keltischen Gräbern der Hallstattzeit, in dem Grabhügel „Hohmichele" bei Altheim und dem Grab von Eberdingen-Hochdorf, Stickereien aus chinesischer Seide gefunden / Die Kelten in Baden Württemberg, ISBN 3 8062 0211 7, Seite 147

Seite 67 Die vorhandene, antike Überlieferung über Pythagoras datiert überwiegend aus der römischen Kaiserzeit, mehr als ein halbes Jahrtausend nach seinem Tod. / Wikipedia Phythagoras Seite 2, Lehre, 1904.2015

Seite 67 Pythagoras wurde in Samos auf der Insel Samos vor der kleinasiatischen Küste als Sohn des Mnesarchos, 570 v. Chr. geboren und starb 500 v.Chr. in Metapont im griechischen Süditalien. / Der Brockhaus in einem Band, Seite 716

Seite 68 Pythagoras war verheiratet und hatte mit seiner Frau Theano mehrere Kinder. Eine Tochter könnte Myia geheißen haben. / Wikipedia Phythagoras Seite 2, Lehre, 19.04.2015

Seite 68 Die Insel war reich und zahlreiche Künstler arbeiteten auf Samos. Zwei Handwerker sollen dort den Erzguss zur Zeit des Tyrannen Polykrates erfunden haben. / Fr.Chr.Schlossers Weltgeschichte, Band I, Seite 199, 200

Seite 68 Samos erlebte unter Polykrates eine Blüte, aber offensichtlich hatte er das Missfallen des örtlichen, persischen Satrapen Oroites erregt, wurde von ihm unter einem Vorwand auf das Festland gelockt und hingerichtet / Herodot III, 234

Seite 68 Nach Polykrates kam es ab 540 v.Chr. unter persischer Herrschaft auf Samos zu einem wirtschaftlichen und kulturellen Niedergang. / Fr.Chr.Schlossers Weltgeschichte, Band I, Seite 200, 201

Seite 68/69 In Milet lebten und arbeiteten zur Zeit des Pythagoras große Gelehrte: Thales (Philosoph) 625 – 547 v. Chr./ Thales soll das Wissen über Mathematik aus Ägypten nach Milet gebracht haben. Außerdem war er ein Astronom. Er sagte beispielsweise eine Sonnenfinsternis voraus. /
 Fr.Chr.Schlossers Weltgeschichte, Band I, Seite 198, 199, 298

Anaximander (Philosoph und Geograph), (610–546 v.Chr.), ein Schüler und Freund von Thales / Fr.Chr.Schlossers Weltgeschichte, Band I, Seite 198, 199, / Der Brockhaus (Lexikon) Seite 37

Hekatäos, Schriftsteller, verfasste geschichtliche und erdbeschreibende Werke, die Herodot zitierte. Er lebte um (550 bis 490) v.Chr. / Fr.Chr.Schlossers Weltgeschichte, Band II, Seite 36 / DBG-Lexikon, Band 2, Seite36.

Thales und der athenische Staatsmann Solon (640-560 v.Chr.) zählten zu den „7 Weisen", den wichtigsten Gelehrten in Griechenland. / Fr.Chr.Schlossers

Weltgeschichte, Band III, Seite 295
Seite 69 weitere Lehrer des Pythagoras, lt. Zedler Universallexikon: Pherecydis von Syros, Creophilus, Bias, Epimenides u.a.
Seite 69 Pythagoras lässt sich beschneiden, um eine Sekte kennenzulernen. Zedler, 29. Band, Seite1861
Seite 69 Pyhtagoras soll d. Propheten Ezechiel in Babylon kennengelernt haben. Zedler, 29. Band, Seite1861 / Wikipedia
Seite 69 Milet, internationales Handelszentrum, / Fr.Chr.Schlossers Weltgeschichte, Band I, Seite 115
Seite 69/70 Phokäer haben die von den Pelasgern gegründeten Niederlassungen Spina u. Adria übernommen / Wikipedia Spina
Seite 70 Pythagoras und seinen Anhängern war es nicht erlaubt, Bohnen zu essen. / Wikipedia , Pythagoreer, 09.12.2015, Seite 7
Seite 71 Den Orphikern (Anhänger des Orpheus) durften keine Eier essen. / Wikipedia, Orphiker 13.03.2016 Seite 7
Seite 71 Herodot schreibt, dass es auch den Ägyptern verwehrt war, Bohnen zu essen. / Herodot, 2. Buch, Absatz 37)
Seite 71/72 Pythagoras erscheint in Kroton (Unteritalien), gewinnt politischen Einfluss. Es kommt zu Auseinandersetzungen u. Pythagoras zieht sich nach Metapontion zurück. / Wikipedia, Pythagoras, 19.04.2015, Seite.2, 8 / Zedler, 29. Band, Seite1861
Seite 71 Der Gelehrte Leonid Zmund hält Pythagoras. für einen Naturwissenschaftler, Mathematiker und Philosophen / Wikipedia , Pythagoras, 19.04.2015, Seite 3,
Seite 72 Herodot über Pyrene / Herodot 2, 33 u. 4,49
Seite 73 Clemens von Alexandria berichtet, Pythagoras sei „Hörer der Galater und Bramahnen gewesen" / Die Druiden, Jean Markale, ISBN 3-442-11474-8., Seite 57 / Meyers Großes Handlexikon Seite 161
Seite 73 Valerius Maximus schreibt über die Druiden: „Sie sind von der Unsterblichkeit der menschlichen Seele überzeugt; ich würde sie deswegen für dumm halten, stimmten die Vorstellungen dieser bärtigen Barbaren nicht mit den Ideen überein, die auch Pythagoras, den das Pallium schmückte, vertreten hat." / Valerius Maximus II, 6, 60 / Die Druiden, Jean Markale, ISBN 3-442-11474-8., Seite 58
Seite 73 Ammianus Marcellinus berichtet nach Timagenes, dass im Vergleich mit Barden und Sehern „die Druiden durch ihr Wissen den Sieg davon tragen; das hat Pythagoras als Autorität entschieden." Die Druiden, Jean Markale, ISBN 3-442-11474-8., Seite 57
Seite 73 Und Diodor von Sizilien (1. Jhd. v. Chr.) berichtet: „Die Lehre des Pythagoras von der Unsterblichkeit der Seele hat bei ihnen (den Kelten) viel Gewicht." / Die Druiden, Jean Markale, ISBN 3-442-11474-8., Seite 58
Seite 73 Caesar schreibt über die Druiden und die Unsterblichkeit: „Ihr Hauptlehrsatz ist: Die Seele sei unsterblich und wandere nach dem Tode des Leibes weiter von Körper zu Körper." Caesar, 6, 14
Seite 74 Poseidonios von Apamaia berichtet als Erster Näheres über die

Druiden / Die Welt der Kelten, ISBN 978-3-799-0752-3, Seite 396, 397

Seite 74 Zur Zeit des Poseidonios war der Einfluss der Druiden in Gallien am Schwinden. Der römische Einfluss machte sich schon vor den Kriegen Caesars bemerkbar./

Seite 74/75 Geis, Gessa Plr.- Gebot,Verbot / Lexikon der keltischen Mythologie, S.u.P.Botheroyd , derclub.de, Buch Nr.09364, Seite 133 / Die Druiden, Jean Markale, ISBN 3-442-11474-8., Seite 189, Irische Helden- und Königssagen, ISBN 3 487 06882 6, Seite 253

Seite 75, Gutuater – Vater der Stimme, Amt eines Druiden,der mit seiner Stimme die Kräfte der Natur zum Leben erweckt. Die Druiden, Jean Markale, ISBN 3-442-11474-8., Seite 190 /

Seite 75 Pythagoras soll zahlreiche Gedichte verfasst haben darunter die „Goldenen Verse" u. „Heilige Rede" / Wikipedia , Pythagoras, 19.04.2015, Seite 2

Seite 75 Chuchulainn, Held der irischen Sagen / Lexikon der keltischen Mythologie, S.u.P.Botheroyd , derclub.de, Buch Nr.09364, Seite 74

Seite 75 Cormac, Sohn des Königs Conchobar und König Connaire d. Gr. waren zahlreichen „Gessa" unterworfen. / Die Druiden, Jean Markale, ISBN 3-442-11474-8., Seite 189

Seite 75 Allgemeine Regeln des Pythagoras nach den „Goldenen Versen, / Die Welt der Kelten, ISBN 978-3-799-0752-3, Seite 397 /

Seite 75 Werk des Pythagoras,Gedicht „Die Goldenen Verse / Wikipedia Goldene Verse, Seite 1

Seite 76 Neuplatoniker Hierokles von Alexandria der im 5.Jahrhundert zu dem Werk einen Kommentar schrieb, wie auch sein Zeitgenosse, der Neuplatoniker Syrianos, hielten die Lehre Platons für nichts anderes als den Pythagoreismus. / Wikipedia, Pythagoreer, 09.12.2015, Seite 13

Seite 76 .Hierokles hielt das Gedicht für eine allgemeine Einführung in die Philolsophie des Platonismus. / Wikipedia, Pythagoreer, 09.12.2015, Seite 13

Seite 76 Aristoteles berichtet, dass die Pythagoreer, die „Legenden von Aristeas von Prokonnesos, von dem Hyperboreer Abaris und andere glauben / Herodot IV, 36.

Seite 76 Abaris gegenüber soll sich Pythagoras als der hyperboreische Apoll ausgegeben haben / Herodot IV, 36

Seite 76 Einwohner Krotons sollen Pythagoras für den hyperboreischen Apoll gehalten haben. / Kimmerier.de / exkurs-hyperboreer.htm,

Seite 77 Ion von Chios, 5.Jhd.v.Chr berichtet, dass Pythagoras unter dem Namen des Orpheus Gedichte geschrieben habe. / Kimmerier.de / exkurs_hyperboreer.htm

Seite 77 „… berichtet ein Pausanias, dass niemals ein Orpheus in der Welt gewesen sei…" Zedler Band 28, Seite 1990

Seite 77 Wissenschaftler gehen davon aus, dass es vor Pythagoras keine Gedichte des Orpheus gegeben habe. Auch Aristoteles soll geglaubt haben, dass Orpheus niemals gelebt habe. / Kimmerier.de/exkurs_hyperboreer.htm, Seite 2

Seite 77 Gemeinsamkeiten zwischen Pythagoreern und Orphikern / Kimmerier.de/exkurs_hyperboreer.htm, Seite 2
Vegetarische Lebensweise / Clemens v. Alexandria, Strom. 172,2
Verstorbene nicht in Kleidung aus Wolle bestatten, / Her. II, 81, Ähnlichkeit mit Ägypten
Seite 77 Orphiker und Pytagoreer behaupten, Platon hätte bei ihnen abgeschrieben. / Wiki Orphiker, Seite 8
Seite 77 Verbot gewisser Speisen, Orphiker sind Eier, Pythagoreer Bohnen verboten. / Wiki Orphiker, Seite 7
Seite 77 Teile der Forschung halten Pythagoras für einen Schamanen / Wiki Pythagoras, Seite 3,5,10
Seite 78 Angriffe zeitgenössischer Autoren auf Pythagoras / Wiki Pythagoras, Seite 4, 12
Seite 78 Verschiedene Autoren halten Pythagoras für einen Schamanen / Wiki Pythagoras, Seite 4 / Schl.WG, I, Seite 266
Seite 78 Isokrates / Pythagoras soll in Ägypten und Babylonien studiert haben/ Wikipedia Pythagoras Seite 4
Seite 79 Die meisten Autoren halten Pythagoras für einen Naturwissenschaftler, der auch Züge des Schamanen aufweist./ Wiki Pythagoras Seite 4
Seite 79 Zmund hält Studienreisen des Pythagoras für unwahrscheinlich. / Wiki Pythagoras, Seite 5
Seite 79 Nach Zmunds Ansicht kam Zahlenmystik erst zu Platons Zeit, lange nach dem Tod des Pyth. / Wikipedia Pythagoras Seite 5
Seite 79 die Begriffe: Philosophie, Philosoph und Kosmos sollen auf Pyth. zurück gehen / Wiki Pythagoras, Seite 5
Seite 79 Pythagoras soll Erfinder der Begriffe Philosoph**,** Philosphie (Philosophos – Freund der Weisheit) gewesen sein. Auch der Begriff „Kosmos" soll auf ihn zurückgehen. Wikipedia , Pythagoras, 19.04.2015, Seite 4 / Zedler, 29. Band, Seite1861
Seite 79 Aristoteles und Aristoxnos führen die Mathematik auf Pythagoras zurück / Wiki Pythagoras, Seite 4
Seite 79 Bewohner Krotons hielten Pythagoras für „Hyperboreischen Apoll" / Iamblichos von Chalkis (240 -320). Vita Pyth. Seite 140 / Kimmerier.de/exkurs_hyperboreer.htm, Seite 1
Seite 80 Hyperboreer Vegetarier   / Clemens von Alexandria strom. 172,2
Seite 80 (Strabon,63 v. Chr. – 28 n.Chr.) Hyperboreer nördlichste Menschen
Seite 80 Insel Delos, mehrere Gräber von hypoboreeischer Frauen / Herodot IV, 4, 35
Seite 80 Diodoros berichtet von der Britischen Insel / Diod.II, 47,1
Seite 80 Diodoros berichtet von rundem Tempel, Stonehenge / Diod.II, 47,2 S
Seite 80 Pindar berichtet von der „schattigen Quelle des Istros" im Land der Hypoboreer, Istros = Donau / Pind. Ol, III, 11-33
Seite 80 Zitat des Tacitus über Denkmäler mit griechischer Schrift in Rhaetien/. „Germania" des Tacitus, Absatz 3, Seite 5

Seite 80 Griechische Inschriften in Hyperborea / Kimmerier.de/ exkurs_hyperboreer.htm, Seite 3, Wiki, Hyperborea (Diodor)
Seite 80 Herakleidos Pontikos vertritt die Meinung, dass die Gallier, welche unter ihrem Anführer Brennus im Jahr 387 v.Chr. Rom einnahmen aus dem Land der Hyperboreer gekommen sind / Plut.Cam. 22
Seite 75 Pythagoras hat Gedichte unter dem Namen Orpheus veröffentlicht. / Kimmerier.de excurs_hyyperboreer.htm
Seite 75 Verstorbene dürfen nicht in Kleidung aus Wolle bestattet werden. /Herodot, II, 81
Seite 75 Platon soll von Orphikern abgeschrieben haben. / Wiki, Orphiker Seite 8
Seite 80 Diodoros berichtet: Hypoboreer lebten auf der britischen Insel, verehrten in Stonehenge Apollon / Diodoros, II, 47, 1 u. II
Seite 80 Wie Herodot berichtet, sollen Apollon und Artemis aus dem Land der Hyperboreer (Britische Insel) gekommen sein / Herodot IV, 35
Seite 75 Ein Pausanias in Zedlers Lexion berichtet, dass niemals ein Orpheus in der Welt gewesen sei..." Zedler Band 28, Seite 1990
Seite 81 In der Antike war man allgemein der Ansicht, dass Pythagoras den Grundstein für die Darstellung der harmonischen Intervalle durch einfache Zahlenverhältnisse gelegt hat. (Abhängigkeit der Tonhöhe von der Länge der schwingenden Saite) Nach der Überlieferung setzte Pythagoras Musik zur Beeinflussung unerwünschter Effekte ein. (Musiktherapie) / Wiki Pythagoras, Seite 7
Seite 81 Der antike Autor Diogenes Laertios schreibt, dass Pythagoras in Kroton mit seiner Gemeinschaft eine aristokratische Verfassung eingerichtet und nach dieser auch regiert hätte. / Wiki Pythagoras, Seite 8
Seite 81/82 Die Pythagoreer betrachteten die Harmonie in den Bewegungen der Himmelskörper, als ein Zeichen des Göttlichen. Pythagoras selbst war von der Seelenwanderung überzeugt. Ein weiterer Punkt war das strikte Verbot für den Verzehr von Bohnen. Dieses Verbot galt für alle Mitglieder der Gemeinschaft und geht nach Ansicht der Wissenschaft vermutlich auf Pythagoras selbst zurück. / Wiki Pythagoras, Seite 9
Seite 82 Das Freundschaftskonzept des Pythagoras war umfassend. / Wiki Pythagoras, Seite 9
Seite 82 In der Mitte des 5.Jahrhunderts v. Chr. ging die Schule des Pythagoras in politischen Wirren unter. Einzig in Tarent blühte die Lehre des Pythagoras noch im 4. Jahrhundert v. Chr / Wiki Pythagoras Seite 11

5. Kapitel
Seite 89 Ettlingen = Posidonopolis, / Merian Schwaben Seite 70
Seite 89 Ettlingen = Oethlinga (lateinisch) / Zedler , Band 8, Seite 2040
Seite 90 Pforzheim soll von Phorcys erbaut und nach ihm benannt worden sein. / Merian Schwaben Seite 70
Seite 90 Pforzheim / Merian Schwaben Seite 70 /150
Seite 90 Garten der Charitini, Landschaft an der Mündung der Enz in den

Neckar - die Chariten /Charitinnen sind die 3 Göttinnen der Anmut, Töchter des Gottes Zeus. Ihre Namen sind: **Aglaia** = Glanz, **Euphrosyne** = Frohsinn und **Thalia** = Blühendes Glück, Blühende Jugend / Merian Schwaben Seite 150, Lexikon der Brockhaus Seite 148

Seite 90 Im 19.Jhd.wurde in Pforzheim ein Pferdchen aus Bronze mit Ringöse aus frühkeltischer Zeit (6.-4.Jhd. v. Chr.) gefunden, außerdem andere Funde (verschollen) / Stadtwiki Pforzheim

Seite 91 in Pforzheim wurde auch ein Kultbild (Statue) der Quellgöttin **Sirona** im gallisch / keltischen Stil gefunden. Trotz des „niedrigen" Alters, sie stammt aus einem römischen Brunnen aus dem 2. Jhd.n.Chr., ist sie in Form und Ausdruck keltisch. / Die Kelten in Baden Württemberg, ISBN 3 8062 0211 7, Seite 92, 166

Seite 91 Zitate aus Merian / Merian Schwaben Seite 70 u. 150

Seite 91 Neuenbürg a.d.Enz = Neopyrgum / Merian Schwaben Seite 139

Seite 91 Neopyrgum lässt sich auf folgende mögliche Urform zurückführen: Neo-Pyrgos-Dunum =   Neo (griechisch) neu, Pyrgos - griechische Stadt an der Westküste des Peloponnes und „dunum" (keltisch) - Festung = „Festung Neu Pyrgos"

Seite 92 Pyrgos in der „Normachie Achaia", dem alten und neuen Elis, galt bis 1825, als die Stadt von den Türken zerstört wurde, als die schönste Stadt in dem seit dem 13. Jahrhundert „Morea" genannten Peleponnes. / Herders Conversations Lexikon, 3. Band, Seite 601, 4. Band Seite 144

Seite 93 Funde am Schlossberg in Neuenbürg / die Kelten in Baden-Württemberg, ISBN 3 8062 0211 7, Seite 437

Seite 93 Südlich von Neopyrgum fand man auf einer Fläche von 6 km² 80 Produktionsareale, wo in Rennöfen Eisenerz verhüttet wurde. Die Schlackenabfälle schätzt man auf 2000 Tonnen. (Ha D2 bis Lt.A) / Die Welt der Kelten, ISBN 978-3-7995-0752-3, Seite 184 - 186

Seite 94 Bei Waldrennach wurden 12 gut erhaltene Rennöfen gefunden / Kelten-Stadtwiki Pforzheim-Enz 3108.2012

Seite 94 Rund um Neuenbürg finden sich undatierte Reste von Schlackenhalden der Eisenverhüttung, die möglicherweise wesentlich älter sind, als die bisher untersuchten Anlagen / Die Welt der Kelten, ISBN 978-3-7995-0752-3, Seite 184

Seite 95 Die Verhüttung des Eisenerzes endete ebenso abrupt wie sie begonnen hatte. / Die Welt der Kelten, ISBN 978-3-7995-0752-3, Seite 184 - 186

Seite 95 Rottweil = Erythropolim   Es gibt einige Spuren, die zu den Kelten führen. So fand man bei Rottweil-Neukirch eine Gruppe von Grabhügeln. Aus dem erhaltenen Hügel stammen einige Bronzearmringe aus der jüngeren Hallstattzeit. Eine mögliche Erklärung bietet sich an: Erythropolim ist im Verlauf der Zeit abgeschliffen worden. Die Urform könnte die griechisch/keltische Wortschöpfung „Erythropolisdunum".gewesen sein. Diese Urform lässt sich folgendermaßen aufspalten: Erythro-polis-dunum (griechisch/keltisch)   = Festung Rote Stadt, /Erythr[o]- Vorsilbe, [o] vor Konso-

nant = (griechisch) = rötlich, rot, rot gefärbt / Reader's Digest, Fremdsprachliche Begriffe, ISBN3-89915-306-5
Polis, (griechisch) = Stadt / Dunum (keltisch)= Festung
Phillips Statere – „Philliper Nachahmungen" gefunden in Rottweil / Die Kelten in Baden Württemberg, ISBN 3 8062 0211 7, Seite 242
Seite 95/96 Der Autor „**Glareanus in Panegyrico** nennets **Erythopolim**."
„Rotweyl" „ Solle so viel / als ein Dorff eines rottirten Kriegsvolcks heissen / und diesen Nahmen von den **Cimbris** bekommen haben / welche sich hierher / als sie von den Römern erschlagen worden / gesetzt haben sollen. / Merian Schwaben 1643, Seite 164
„Hervorzuheben wären zwei Gruppen früher Philliper-Nachahmungen, eine aus Achern Gamshurst die andere aus Rottweil. / Die Kelten in Baden Württemberg, ISBN 3 8062 0211 7, Seite 242
Seite 96/97 Königsbronn... „es seyen umb dieses Closter 4 Brünne wie See. 1. des Flusses Brenz / 2. deß Pfeffers / hundert Schritt / in welchen so ein frembder Fisch geworffen werde / derselbe stracks erblinde. 3. deß Kochers. 4. *eines unbenambsten / der doch ins gemein* **Laxis** *genandt werde* /welcher so er fliesse, eine Thewrung bedeute / Merian Schwaben 1643, Seite 111/112
Seite 97 Augsburg =„Augusta Vindelicorum" und „Licatiorum Damasia" / Merian Schwaben 1643, Seite 8 / "Vindelica" und "Cisara" / Merian Schwaben 1643, Seite 18
Seite 97/98 ...dass Augsta Vindelicorum in etwa zur gleichen Zeit mit Augusta Rauricorum (Augst bei Basel / 6 v. Chr.) und Augusta Praetoria am Südfuß des „Großen St. Bernhard – Passes", heute Aosta, gegründet wurde / Wikipedia, Augusta Raurica
Seite 98 Licatiorum Damasia
Der Name Licatiorum Damasia besteht aus zwei Sprachen – lateinisch und griechisch - Damasia (griechisch) = Bändigung / Licatiorum (lateinisch) = der Licatier (ein Volk der Vindelicer)[Gen. Plr.]
Seite 98 Der Name „Vindelica" für Augsburg könnte auf das urkeltische „Vindus, Vinda..."der/die Weiße oder Blonde zurückgehen / Johann Kaspar Zeuß im kultur- u. sprachwissenschaftl. Kontext, ISBN-13: 978-3-7069-0421-6, Seite 148, 150
Seite 98 Cisara, der Name Cisara soll auf die „Söhne Japhets", Juden ,die sich nach Sintflut südlich von Augsburg angesiedelt haben sollen und die spätere Stadt Augsburg „Cisara" genannt haben sollen. / Merian Schwaben 1643, Seite 18
Seite 98/99 In einem Text des Tempels von Medinet Habu für Pharao Ramses III. lässt der Pharao den Gott Amon-Re-Harakhte von den Nordleuten sagen: „Da ich mein Antlitz nach Norden wandte tat ich ein Wunder für dich." (für Ramses III) Und einige Zeilen später: „Ich veranlasste, dass sie sehen konnten deine Macht und die Macht des Nun (Nun = das Weltmeer, den großen Wasserkreis, der um den großen Erdkreis fließt) da er ausbrach und in einer Woge von Wasser Städte und Dörfer verschlang." Und auf einer

anderen Tafel in Medinet Habu berichtet Ramses III von der Vernichtung der Nordleute: „Ihr (der Nordvölker) Land ist nicht mehr...", „ihre Inseln sind vom Sturm ausgerissen und weggeweht", ihre Hauptstadt ist vernichtet." / Das enträtselte Atlantis, Jürgen Spanuth – Union Deutsche Verlagsgesellschaft Stuttgart 1953, Seite 31, 32, 41

Seite 99 ... dass die Kronen der versunkenen Bäume, wie der Geologe Wildfang Anfang des 20. Jahrhunderts bei Bohrungen festgestellt hat, nach Osten gerichtet sind. Das deutet darauf hin, dass sie durch eine Sturmflut und / oder eine Tsunami-Welle aus Westen umgeworfen wurden. / Die Kelten, Gerhard Herm, Rowolt Verlag, 680-ISBN 3499 17067 1, Seite 126

Seite 99/100 1. Diese der Licatier Vindelicier Haupt-Statt / so *Licatiorum Damasia* / vor Zeiten geheissen / haben die Römer eyngenommen / und hierher ein Coloniam, oder Römische erbawende Menge / oder Außschuß / 12. Jar / zween Monat/ un sieben und zwanzig Tag / vor Christi Geburt / geführet: Und bekame sie vom Kayser Augusto / den Namen *Augustae,* nämlich / der Vindelicier od'/ Vindelicorum, eines Illyrischè Volcks / so von dem Ursprung der Thonaw an / biß nach Passaw / an der Thonaw / gewohnet haben / und die wider in underschiedliche Nationen getheilet gewesen/ unter welchen die Licates, oder obbesagte *Licatii* an dem Lech gesässen seyn / Merian, Schwaben von 1643;. Seite 8

2. „...underschiedliche Meynungen seyn: Auch theils nicht zugeben wollen / daß T.Annius Praetor, mit seinen Römern / oder der Legione Martia, (daher sonsten etliche den Namen führè wollen/) von der Statt Fürsten Habbinone und Caco, erlegt worden seye / sondern er werde darumb der Berlach genannt..." / Merian, Schwaben von 1643;. Seite 14

3... / und es also nit eben ein Zirbelnuß in specie seyn / oder von der Göttin Cybeles oder Cysae Bildnuß (welche / ob sie die Augspurger verehret haben mögen / noch ungewiß ist) oder des Drusi Grabmal herkommen muss." / Merian, Schwaben von 1643;. Seite 9

4. Vor der endgültigen Eroberung von Augsburg durch die Römer im Jahre 12 v. Chr. haben sich die Bewohner wie Stengelius, ein antiker Autor und Abt („gewester Abt von Anhusen, Mer. 18) in einer alten Chronik gelesen haben will: „...daß Carolus Stengelius im ersten Theil seiner Augspurgischen Händel / am I. Capitel / sagt/ daß man in der Statt Chroniken finde / daß / für Uralten Zeiten / die Aborigines diese Gegend zwischen der Wertach / und dem Lech / besessen / nämblich deß *Japhets Söhne / und Nachkommen* / so sich nach der Sündflut hierher begeben / allda eine Statt gebawet / und dieselbe entweder *Vindelicam* oder *Cisaram,* geheissen hätten / biß hernach im 12. Jahr vor Christi Geburt / als die Römer die Rhaeter überwunden. / Merian, Schwaben von 1643;. Seite 18

5. die Licatier, so um den Fluss Lech wohnten, und einen Teil derer Vindelicier ausmachten, haben sie zu einer Festung erbauet, da sie denn im Anfange nach Cluverius Meynung „Damasia" geheißen, wie wohl Marcus Verserus die Spuren Damasiae oberhalb Augsburg gegen Süden bei dem Flusse Vindone gefunden zu haben vermeinet. / Zedler Band 2, Seite 1112 – 1114

Seite 100 Dornstetten - Acanthopolis / Merian, Schwaben von 1643;. Seite 61

Seite 101 Nagold, auf dem Schlossberg wurden zahlreiche Scherben aus der Hallstattzeit, 800-450 v. Chr. und der frühen Latenezeit (450-250 v. Chr) gefunden und in der Gemarkung der Gemeinde liegt ein keltischer Grabhügel, genannt „Krautbühl". / kelten-nagold.de/nagold/schlossberg.html
Ein digitales Geländemodell (LIDAR-Scan) zeigt vermutliche Wallreste nördlich der Burgruine Hohennagold. Auch mögliche Terrassierungen am Südhang könnten auf eine frühe Befestigung hinweisen. / Die Welt der Kelten, ISBN 978-3-7995-0752-3, Seite 111
Eine weitere Höhensiedlung könnte sich auf dem „Rudersberg" in einer Schleife der Nagold befinden. Ein Zusammenhang mit den Bergbaurevieren bei Neubulach (Kupfer, Silber und andere) scheint möglich. / Die Welt der Kelten, ISBN 978-3-7995-0752-3, Seite 112

Seite 102 Ulm - nach den neuesten Ergebnissen der Wissenschaft ist der Ort Alcimoennis aber mit dem heutigen Sontheim a. d. Brenz gleich zu setzen. / Germania u. die Insel Thule, Entschlüsselung v. Ptolemaios' Karte, ISBN 978-3-534-23757-9, Seite 315

Seite 103 Blochingen, heutige Schreibweise Plochingen, - Comopolis. In dem Namen „Comopolis" steckt auf jeden Fall das griechische Wort „polis" = Stadt. / Merian, Schwaben von 1643;. Seite 38

Seite 104 Zurzach – Tenedo, Zurzach könnte den alten Namen „Tenedo" von den Griechen nach der Insel „Tenedos" erhalten haben. Die Insel Tenedos vor den Dardanellen wird in der Ilias von Homer mehrfach erwähnt / Wikipedia.org/wiki/ Bad_Zurzach
Zitat: „Was den obangedeuten der Jahrmärckte halben weitberühmbten Flecken Zurzach / nach Klingenaw gehörig / anbelangt / so wollen ihrer viel denselben / für Ptolemaei Forum Tiberii halten / und vermeynen / Kaiser Tiberius habe selbsten den berühmten Jahrmarkt allhie angestellet / und habe der Ort vorhin Cerzach oder Certiacum, von M. Junio Certo, einem Römischen Soldaten / geheissen / der daselbsten begraben worden. Andere aber halten dafür / daß Forum Tiberii, und Ceriacum zween unterschiedliche Plätz gewesen." / Merian, Schweiz von 1654;. Seite 58
Neueste Forschungen ergaben aber, dass „Forum Tiberii" mit „Petinesca" am Studenberg bei Biel zu identifizieren war. Germania u. die Insel Thule, Entschlüsselung v. Ptolemaios' Karte, ISBN 978-3-534-23757-9, Seite 78
Zitat:„Was aber sonderlich diesen Flecken berühmt macht, sind solches ihre beyden Messen, welche unter die berühmtesten und ahnsehnlichsten in Deutschland gehören, und nicht nur von den Eydgenoßischen, sondern auch von vielen Deutschen und Französischen Kaufleuten besucht werden. Die erste fällt auf Trinitatis…, so fängt sich die erste den Pfingst-Dienstag zu Mittage um 12 Uhr an, und endiget sich ten achten Tag darauf am Dienstage in der Trinitatis-Woche wieder; die andere oder Verona-Messe nimmt ihren Anfang auf Ludwig oder den 25 August und währet bis den 2 September. " (in Folge Zahlungsmodi und verschiedene Wechselkurse) / Zedler, 64. Band,

Seite 487- 494
Eine Meile unterhalb von Zurzach mündet die Aare bei dem Ort Coblenz in den Rhein. Zwischen Coblenz und Zurzach liegt im Rhein eine Felsbarriere mit einem kleinen Durchlass. Bei Hochwasser fließt das Wasser in der ganzen Breite über die Felsbarre. Bei niedrigem Wasserstand läuft das Wasser durch einen schmalen Durchlass, durch den kleine Fischerboote hindurchfahren können. Zu dieser Zeit legen die Zurzacher ein Brett über den Durchlass und können so trockenen Fußes auf die andere Rheiseite gelangen / Zedler, 64. Band, Seite 495
In der Ilias berichtet Homer von der Insel „Tenedos" vor den Dardanellen. / Die Kelten in Baden Württemberg, ISBN 3 8062 0211 7, Seite 257

Seite 105   Weitere Orte mit möglichen griechischen Einflüssen
Seite 105 Mitte des 5.Jhd.s geht die Hallstattzeit zu Ende und wird durch die Latene-Zeit abgelöst. Die Heuneburg wird von Angreifern zerstört und geht in einem Flammeninferno unter. (470 v.Chr.) Auch der Mont Lassois wird aufgegeben. Die nördlichen Siedlungen erleben einen Aufschwung. In den Gräbern werden den Verstorbenen wieder Kriegswaffen mitgegeben / Die Kelten, Martin Kuckenburg, ISBN 978-3-8062-2274-6, Seite 65ff
Seite 105, Wandel der Begräbnissitten im Laufe der Jahrhunderte. / Die Kelten, Martin Kuckenburg, ISBN 978-3-8062-2274-6, Seite 65-69
Seite 105 Der **Hohenasperg** war nach Keramikfunden 6.-4 Jhd. v.Chr. besiedelt. / Die Welt der Kelten, ISBN 978-3-7995-0752-3, Seite 143. / Gegen 550 v.Chr. erreichte er eine größere Bedeutung / Die Welt der Kelten, ISBN 978-3-7995-0752-3, Seite 95 / In der Mitte des 6.Jhd.v.Chr. entstehen im Neckarraum neue, größere Ansiedlungen, kleinere werden aufgegeben. Der Verbrauch von Salz nimmt zu, wie die Verbreitung von Briquetage-Gefäßen, die zur Gewinnung und Transport benutzt werden, anzeigen. Ab Mitte 5.Jhd.v.Chr. werden die großen Ansiedlungen durch kleinere in der Landschaft verteilte Gehöfte ersetzt / Die Welt der Kelten, ISBN 978-3-7995-0752-3, Seite144
Seite 106   Eine Höhensiedlung auf dem **Lemberg** / Stuttgart Feuerbach macht Hohenasperg um Mitte bis Ende 6.Jhd. v.Chr Konkurrenz, verliert aber nach 2 Generationen an Bedeutung. / Die Welt der Kelten, ISBN 978-3-7995-0752-3, Seite144
Seite 106 Ipf, Zahlreiche Befestigungsanlagen aus dem 6. u 5.Jhd. v.Chr. Mit Beginn d. Latenezeit Fläche verkleinert. Zwischen Ipf und Goldberg Grab einer Dame / Die Welt der Kelten, ISBN 978-3-7995-0752-3, Seite 122, 149, 150-151, 152
Seite 107 Goldberg, Siedlung Hallstattzeit / Die Welt der Kelten, ISBN 978-3-7995-0752-3, Seite 148
Seite 107 Kapf, befestigte Höhensiedlung, Zusammenhang mit Magdalenenberg umstritten / Wikipedia Kapf, 09.06.2016

Seite 107 Grabhügel Magdalenenberg bei Villingen., 616 v.Chr., 126 Nachbestattungen, / Die Welt der Kelten, ISBN 978-3-7995-0752-3, Seite 83, 90, 93, 129, 199,
Seite 107 Hohmichele, ältester Grabhügel im Bereich der Heuneburg / / Die Kelten, Martin Kuckenburg, ISBN 978-3-8062-2274-6, Seite 42
Seite 107 Mont Lassois, Blütezeit 520 – 480 v.Chr. / Die Kelten, Martin Kuckenburg, ISBN 978-3-8062-2274-6, Seite 29

Personen

Abaris, Hyperboreer 76, 80, 85,
Abraham Sawer 89, 90, 91,
Achaier 31,
Aglaia-Glanz 40,90,
Akusmatiker 82,
Ammianus Marcellinus 73
Anaximander, 69,84,
Apollon 17,
Apollon 90
Apollonios/Rhodo 9, 10,13,
Arganthonios 33,
Argonauten 9
Aristeas von Prokonnessos 76,85,
Aristoteles 76,77, 78, 79,82,87,
Aristoxenos 79
Aristoxenos 87
Askanios 36
Augias 19,
Bennus,14,
Bias 69,
Brahmanen 84,
Brennus 80,
Budda 67,
Caesar 13,20,22,29, 41,53,74,82,
Charitinen 90,
Charitini /Chariten 40, 91,
Chuchulainn 20,
Chuchulainn 52
Cicero 74,
Clemens v. Alexandria 69,73,84,85,
Conaire 75,
Conchobar 75,
Cormac 75,
Creophilus 69,
Cumal (Knecht) 23,
Demeter 72,
Diodor v. Sizilien 74,
Diodor 14, 31,80,
Diodor v. Sizilien 86,

Diodoros 80,85,
Diogenes Laertius 72, 81
Diviciacus 74,
Druiden 22
Dürr, Markus 53
Epimenides 69
Eratosthenes 25,
Esoteriker 82,
Euklid, 78
Euphrosyne –Frohsinn, 40, 90,
Exoteriker 82,
Ezechiel – Zoroaster, 69,
Gaia 36
Galater 73,
Galater 84,
Griechen, überall im Manuskript
Hekataios 25,26,
Hekatäos 69,84,
Hektor 36
Hellanikos 77,79,
Hellanikos 80
Helvetier 13,24,29, 42,53,
Herakleides 79
Herakleidos Pontikos 80, 87,
Herakles 80,
Heraklit 78,
Here 9, 10,
Herodot 25, 26,33, 71,76,79,
Hierokles von. Alexandria 76,
Homer 69,90,
Homer 17, 33,
Homer 33
Hyperboreer 79,80, 85,
Ion v. Chios 75,77,
Irenicus 89,90,91,
Isokrates 79,
Jamblichos 77
Jamblichos 85,
Johannes Reuchlin 90,

Kebriones 20,
Kerkops 77
Konfuzius 67,
Laertes 39,
Lao-tse, 67
Licatiorum 39
Licatius 32,
Ligyer 10,
Lykaon 20,
Mathematiker 82,
Menasse v. Israel 69,
Mnesarchos 68, 72, 83,
Mug (Sklave) 23.
Myia 68,
Nazartus 69,
Nazartus/Zaratus/Zo-Nereus 36
Oikist
Oroites, 68
Orpheus 71,77, 87,
Orphiker 71,77, 84, 87,88,
Patroklos 20
Pausanias 77
Pelasger 33,69,84,
Phainop 36,
Pherecydis 69,
Phokäer 18,33,73.
Phokäer 84,
Phönizier 12
Phorcys (Trojaner) 36, 89, 90, 91,
Phryger 36
Phryger 90,
Pindar 80,85,
Platon 77, 81,82, 88,
Plutarch 77
Polykrates 68,71,73, 81,
Pontos 36
Poseidon 36
Poseidonios 80
Poseidonios von Apamaia 74,
Priamos 20,36,
Ptolemaeus 40,
Pythagoras 67,69,70, 72, 73,74,75,76, 77,

78, 79,80,81,82,84,
85,86, 87,88,
Pythagoreer 68, 72,
77,78,81,82, 83, 84,
86,88,
Pythagoristen 82,
Ri, Rix 23
Samier 68
Seonach 23,
Sirona 90,
Solon 69, 70,84,
Strabon 31
Sueben 14
Syrianos 76,
Tacitus 39, 40, 80,86,
Tarquinius 70
Thales, 68, 84,
Thalia-Blüte, 40, 90
Theano 68,
Timagenes 73,86
Ulixes(Odysseus) 39,
Valerius Maximus
73, 86,
Varro 31
Vitruvius 35
Xenophanes 78,
Zahrathustra 67,
Zeus 9
Zoroaster, Ezechiel,
69
Zoroaster/Ezechiel
69
B.Rhenanus 91,
Merian 91,
Phidias 92
Aphrodite Urania 92
Amenophis III. 92
Glareanus 95
Phillip II, Vater v.
Alexander d. Gr. 96
Kimbern 96,
Teutonen 96,
Augustus, röm.
Kaiser 97
Vindeliker 97
Likatier 98
Stenglius 98,
Japhets Söhne 98,
100
Seevölker 98
Amon-Re-Harakhte
98

Ramses III , 98
Legion Martia 99
T. Annius Praetor 99
Habbinone 99, 100,
Caco 99, 100,
Cybele 100
Cisa 100
Stengelius 100
Rhaeter, 100
Cluverius 100
Marcus Verserus 100
Vindone 100
Philippus Cluverius
102,
Renerus Snoius
Goudanus 102
Seb. Francus 103
Crusius 103
Karl d. Gr. 103

Orte

„andere Welt" 75,
„Alte Burg" 52
39,
Ägypten 79
Akropolis 41,
Alalalia 69,
Alalia 12
Alcimoennis 15
Asciburgium / Moers, Asberg, 40
Augsburg- Likatiorum Damasia 89
Augusta Vindelicorum 32,
Augustidunum 15
Außensiedlung 52,
Babylon 69,
Babylonien 79
Baumburg, Herbertingen 59
Bettelbühl-Nekropole 54,58,
Breg 75
Britische Insel 80
Campodunum 15
Cerna 75,
Comopolis 15
Cornwall 69
Da Cheo-Ebene 75
Damasia Licatiorum 15, 32,39,
Delos 80
Ditzingen-Hirschlanden 64
Ditzingen-Schöckingen 64
Donau (Istros) 72
Elis 19
Eridanos 9,
Erythropolim 15
Ettlingen - Posidonopolis 89, 91,
germanisch-rätische Grenzmark 80
Gibraltar, Str.v. 68, 83,
Gießübel-Talhau 35; 41, 43,52, 59
Grafenbühl 62
Hatria 33,39, 41,84,
Hatria 69,73,95,

Helike 31,
Helvetische Einöde 40,
Herkynische K. 9
Heuneburg ab 25 ff
Hochdorf (Grab) 63, 67,
Hochdorf, Siedlung 63
Hohenasperg ,61, 65
Hohmichele 30, 67,
Hundersingen 25,
Hyperborea 80, 86,
Iberien 33
Illion, Illios 35
Istros (Donau) 72,
Istros 25
Istros 80, 86
Kleinaspergle 62,
Kosmos 81,
Kroton 18,77, 71, 72,78, 79,81,88,
Laxis 15
Lehensbühl, Herbertingen 59
Likatiorum Damasia – Augsburg 89
Magdalenenberg b. Villingen 54
Magdalenenberg 30,
Magna Graecia 17,
Massalia, (Marseille) 13, 33,41,84,
Megara Hyblaea 35
Metapont(ion) 72,78, 81,
Milet 25,31, 84,
Milet 68,69,
Neopyrgum 15,19,
Norica 40
Oehtlinga - Ettlingen 89,
Okeanos 9
Olympia 18,19,
Olympia 80,
Phokäa 69, 84,
Phokaia 33,
Po (Fluss)
Poseidonia 18.,
Posidonopolis 15,89, 90, 91,

Prokonesos 76,
Pyrene 15,19,25,26, 65,67,72,84,85, 86, 88,
Rauher Lehen, bei Ertingen 58
Rhaetia 40
Rhipäische Berge 79,
Rhodanos 9
Römerhügel b.Ludwigsburg 62,
Samos (Insel) 68,
Samos 68,81,83
Samulocennis 15
Satzet-Nekropole, (Hügel 14) 57,
Selinus (Selinunt) 35,
Senat-Mor 75,
Shannon 75,
Speckau-Hohmichele-Nekropole 55, (Hügel 18),57
Spina 33, 39, 41,84,
Spina 69, 73,95,
Stonehenge 80,
Str.v.Gibraltar 12,69,
Stutt.-BadCannstadt 64
Sybaris 18,31,72, 81,
Tara (Stadt) 75,
Tarent 82,
Tartessos 33
Tenedo 12, 15
Thrakien 36
Troas 36
Troja 33, 35,37
Tyrsenien 33
Zurzach 13,
Pforzheim 90
Hagenschieß 91,
Craichgow
Oreynheim-Ettlingen 91,
Orcyniam- Ettlingen 91,
Porta Hercyniae – Ettlingen 91,
Herkyniae – Ettlingen 91,
Neopyrgum - Neuenbürg a.d. Enz 91,

139

Pforzheim 90
Neuenbürg 91
Pyrgos 92
Elis 92
Olympia 92,
Peloponnes 92
Zeus 92
Phidias 92
Morea – Peleponnes 92
Elis – Wilia 92
Pyrgos 93, 95,
Neopyrgum - Neuenbürg 93
Rottweil –Erythropolim 95,
Erythropolis dunum = Festung Rote Stadt 95
Panegyrico- (Schriftsatz) 95
Phillip-Statere 95
Rotweyl 96
Laxis – Königsbronn 96
Augsburg 97
Augusta Vindelicorum 97
Licatiorum Damasia 97,98,
Vindelica 97,98,
Cisara 97, 98
Augusta Rauricorum 98,
Nun (ägypt.) - Weltmeer 98
Dornstadt 101
Dornstetten / Acanthopolis 100
Nagold 101
Rudersberg 101
Neubulach 101
Ulm 101
Alcimoennis – Sontheim a. Brenz 101
Samulocenis - Ulm 101

Comopolis - Plochingen 103
Tenedo – Zurzach 103
Plochingen - Comopolis 103
Zurzach – Tenedo 103
Hohenasperg 105
Lemberg 106
Ipf 106
Mont Lassois 106.
Goldberg 106, 107,
Kapf 107,
Magdalenenberg 107,